Desarrollo de prototipos de productos editoriales multimedia

Anabel Carrillo Garrido

ic editorial

Desarrollo de prototipos de productos editoriales multimedia
© Anabel Carrillo Garrido

1ª Edición

© IC Editorial, 2025

Editado por: IC Editorial
c/ Cueva de Viera, 2, Local 3
Centro Negocios CADI
29200 Antequera (Málaga)
Teléfono: 952 70 60 04
Fax: 952 84 55 03
Correo electrónico: iceditorial@iceditorial.com
Internet: www.iceditorial.com

ISBN: 978-84-1184-946-3
Depósito Legal: MA-1140-2025

Impresión: PODiPrint
Impreso en Andalucía – España

Nota de la editorial: IC Editorial pertenece a Innovación y Cualificación S. L.

Presentación del manual

El **Certificado de Profesionalidad** es el instrumento de acreditación, en el ámbito de la Administración laboral, de las cualificaciones profesionales del Catálogo Nacional de Cualificaciones Profesionales adquiridas a través de procesos formativos o del proceso de reconocimiento de la experiencia laboral y de vías no formales de formación.

El elemento mínimo acreditable es la **Unidad de Competencia.** La suma de las acreditaciones de las unidades de competencia conforma la acreditación de la competencia general.

Una **Unidad de Competencia** se define como una agrupación de tareas productivas específica que realiza el profesional. Las diferentes unidades de competencia de un certificado de profesionalidad conforman la **Competencia General,** definiendo el conjunto de conocimientos y capacidades que permiten el ejercicio de una actividad profesional determinada.

Cada **Unidad de Competencia** lleva asociado un **Módulo Formativo,** donde se describe la formación necesaria para adquirir esa **Unidad de Competencia,** pudiendo dividirse en **Unidades Formativas.**

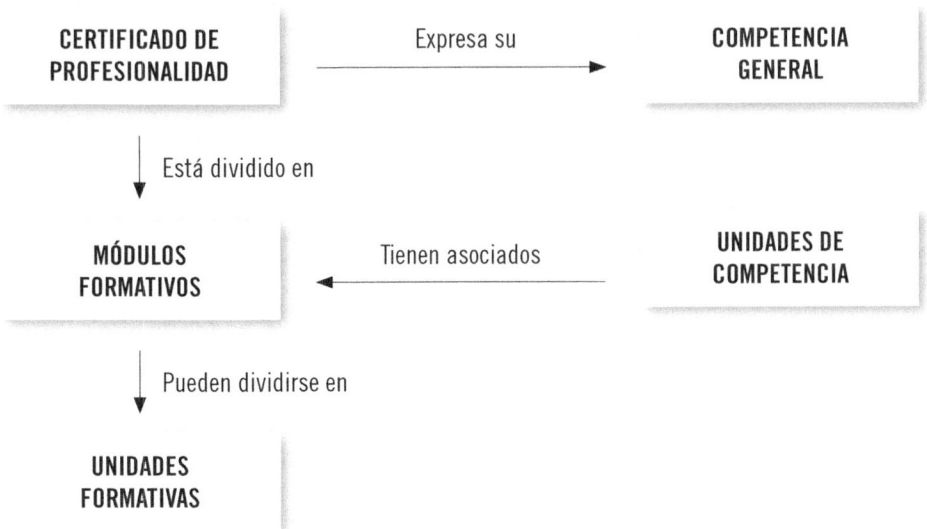

El presente manual desarrolla la Unidad Formativa **UF1585: Desarrollo de prototipos de productos editoriales multimedia,**

perteneciente al Módulo Formativo **MF0937_3: Implementación y publicación de productos editoriales multimedia,**

asociado a la unidad de competencia **UC0937_3: Generar y publicar productos editoriales multimedia,**

del Certificado de Profesionalidad **Desarrollo de productos editoriales multimedia.**

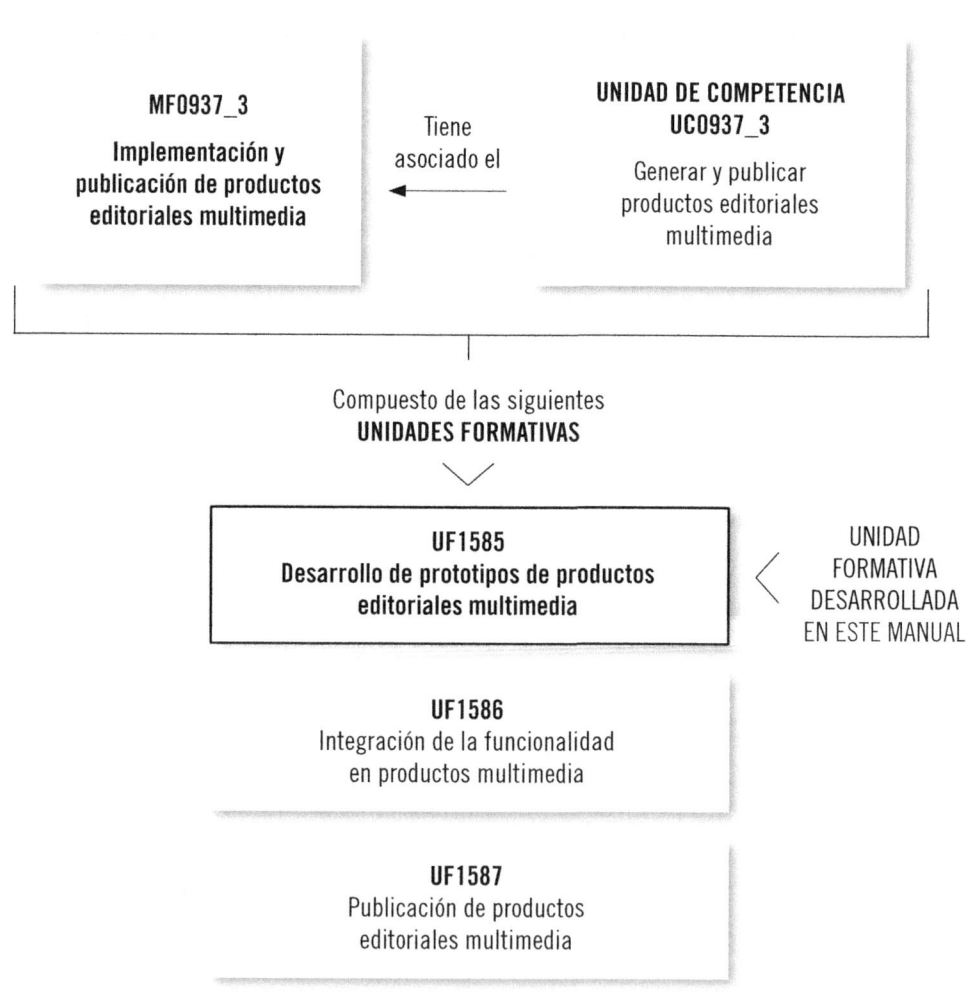

FICHA DE CERTIFICADO DE PROFESIONALIDAD

(ARGN0110) DESARROLLO DE PRODUCTOS EDITORIALES MULTIMEDIA (R. D. 1520/2011, de 31 de octubre)

COMPETENCIA GENERAL: Desarrollar productos multimedia a partir de proyectos editoriales, destinados a entornos web o a soportes físicos digitales; determinando los aspectos de funcionalidad, interacción y usabilidad, definiendo su arquitectura, realizando el diseño de los elementos gráficos y multimedia necesarios para obtener el producto, gestionando y controlando la calidad del producto editorial multimedia.

Cualificación profesional de referencia	Unidades de competencia		Ocupaciones o puestos de trabajo relacionados:
ARG293_3 DESARROLLO DE PRODUCTOS EDITORIALES MULTIMEDIA (R. D. 1135/2007, de 31 de agosto)	UC0935_3	Determinar las especificaciones de proyectos editoriales multimedia	• Técnico de diseño multimedia • Técnico de proyectos editoriales multimedia • Técnico en producción multimedia • Diseñador de productos editoriales multimedia • Asistente al consultor en publicación multimedia • Maquetista de proyectos multimedia.
	UC0936_3	Diseñar el producto editorial multimedia	
	UC0937_3	Generar y publicar productos editoriales multimedia	
	UC0938_3	Gestionar y controlar la calidad del producto editorial multimedia	

Correspondencia con el Catálogo Modular de Formación Profesional

Módulos certificado	Unidades formativas	Horas
MF0935_3: Proyectos de productos editoriales multimedia		90
MF0936_3: Diseño de productos editoriales multimedia	UF1583: Diseño gráfico de productos editoriales multimedia	60
	UF1584: Diseño funcional y de la interactividad de productos multimedia	50
	UF1585: Desarrollo de prototipos de productos editoriales multimedia	80
MF0937_3: Implementación y publicación de productos editoriales multimedia	UF1586: Integración de la funcionalidad en productos multimedia	90
	UF1587: Publicación de productos editoriales multimedia	40
MF0938_3: Gestión de la calidad de productos editoriales multimedia		80
MP0341: Módulo de prácticas profesionales no laborales		80

Índice

Capítulo 4
Elaboración del prototipo

Capítulo 5
Uso/manejo de herramientas informáticas de recursos de diseño interactivo

Capítulo 6
Prototipos para páginas web y para dispositivos móviles

Capítulo 1
Valoración de la complejidad del prototipo con relación al proyecto

Contenido

1. Introducción

Un prototipo es una versión preliminar de un producto o proyecto que se utiliza para visualizar, probar y perfeccionar ideas antes de su producción final. En el contexto de la producción editorial y el diseño gráfico, un prototipo puede tomar la forma de una maqueta impresa, una presentación digital o cualquier otra representación tangible del producto final. La valoración de la complejidad del prototipo en relación con el proyecto es un paso esencial en este proceso, ya que permite identificar y gestionar los desafíos técnicos y creativos que podrían surgir durante su desarrollo.

Este análisis implica evaluar varios aspectos, como el nivel de detalle requerido, las tecnologías y materiales a utilizar, y la interactividad del prototipo. También se consideran las capacidades del equipo de trabajo, el tiempo disponible, y los recursos necesarios para llevar a cabo el proyecto de manera eficiente. Al valorar la complejidad del prototipo, se puede determinar si las ideas propuestas son factibles dentro de los límites del presupuesto y el cronograma, lo que permite realizar ajustes estratégicos para optimizar el proceso.

Además, esta valoración es fundamental para anticipar y paliar riesgos potenciales, asegurando que el prototipo no solo sea una representación fiel del producto final, sino que también cumpla con los estándares de calidad esperados. En última instancia, la valoración adecuada de la complejidad del prototipo influye directamente en el éxito del proyecto, ya que permite tomar decisiones informadas que garanticen la funcionalidad y el atractivo del producto editorial o gráfico final.

2. Análisis de los aspectos relevantes en prototipos terminados

El análisis de los aspectos relevantes en prototipos multimedia terminados es esencial para garantizar que el producto final cumpla con los objetivos del proyecto. Este análisis abarca la evaluación de la calidad del diseño, la funcionalidad, la fidelidad al concepto original, la viabilidad técnica y económica, así como el cumplimiento de normativas. También se considera la retroalimentación de usuarios o clientes para realizar ajustes necesarios.

Para empezar, se abordarán los principales soportes utilizados para la creación estos prototipos multimedia.

 **Definición**

Prototipo multimedia
Es una representación inicial de un producto o proyecto multimedia en desarrollo. Se utiliza para visualizar, probar y refinar ideas antes de la creación del producto final. Los prototipos multimedia suelen incluir combinaciones de texto, imágenes, vídeos, audio y animaciones, y pueden variar en términos de interactividad según el objetivo.

 Actividades

1. Se habla a menudo de prototipos multimedia de baja fidelidad y alta fidelidad; busque información sobre qué son cada uno y ponga un ejemplo.

2.1. Páginas web

Las **páginas web** son plataformas digitales accesibles a través de internet, que permiten la presentación de información multimedia y la interacción con los usuarios. Son soportes versátiles que pueden incluir texto, imágenes, vídeos, audio, y otros elementos interactivos.

Ejemplo

Un sitio web corporativo que ofrece información sobre productos, servicios y noticias de la empresa, además de funciones interactivas como formularios de contacto o tiendas en línea.

Las páginas web pueden ser estáticas o dinámicas:

- **Páginas web estáticas:** son sitios web simples, con contenido fijo que no cambia frecuentemente. Están diseñadas utilizando HTML y CSS, y no permiten interacción avanzada del usuario.
- **Páginas web dinámicas:** estas páginas son más complejas, ya que el contenido puede cambiar en función de la interacción del usuario o de otras variables (hora, fecha, ubicación, etc.). Usan lenguajes de programación como *PHP, JavaScript o Python,* y están conectadas a bases de datos para actualizar contenido de manera automática.

Actividades

2. Entre en la siguiente página web e indique si se trata de una página web estática o dinámica. Razone su respuesta.

https://redirectoronline.com/uf15850101

Desde este enfoque, se pueden encontrar diferentes tipos de webs, entre las que destacan las siguientes:

Blogs

Un **blog** es un tipo de página web que se actualiza regularmente con publicaciones de contenido. Son utilizados tanto por personas como por empresas para compartir ideas, noticias o artículos. Un ejemplo sería *Wordpress.*

Webs de *e-commerce*

Estos sitios están diseñados para vender productos o servicios a través de internet. Incluyen funcionalidades como carritos de compra, pasarelas de pago, y sistemas de gestión de inventarios. Un ejemplo sería *Amazon.*

Redes sociales

Estas páginas están diseñadas para permitir la interacción y la conexión entre usuarios. Los usuarios pueden crear perfiles, compartir contenido, interactuar con otros y formar comunidades. Un ejemplo sería *Facebook.*

Imagen con los logos de las páginas de redes sociales más usadas (© Saidoff_graphics / Shutterstock.com)

Páginas web corporativas

Estas páginas pertenecen a empresas o marcas y están diseñadas para presentar información sobre la compañía, sus productos, servicios, valores y contactos. Un ejemplo sería el sitio oficial de *Lenovo*.

Páginas de porfolio

Son sitios web utilizados por creativos como fotógrafos, diseñadores gráficos, artistas, y escritores para mostrar su trabajo. Destaca *Behance.*

Foros

Son sitios web donde los usuarios pueden discutir diversos temas, hacer preguntas y compartir conocimientos. El contenido suele estar organizado en hilos o categorías temáticas. Un ejemplo es *Reddit.*

Wikis

Son sitios web colaborativos que permiten a los usuarios crear, editar y compartir contenido. El ejemplo más conocido es *Wikipedia,* donde la información es constantemente actualizada y corregida por la comunidad.

Página web de Wikipedia en la que se puede ver el resultado de la búsqueda de la palabra "Multimedia"

Páginas educativas

Son sitios creados con el objetivo de proporcionar contenido y recursos educativos, ya sean cursos en línea, materiales de estudio o tutorías. Un ejemplo es *Coursera*.

 Actividades

3. Una página web educativa que se usa actualmente es *BlinkLearning*. Busque información sobre ella y realice una descripción.

Páginas de entretenimiento

Están dedicadas a ofrecer contenido recreativo, como vídeos, música, juegos o series. Un ejemplo sería *Youtube*.

2.2. CD-DVD, USB

Los **CD** y los **DVD** son soportes físicos que se utilizan para almacenar y reproducir datos, vídeos, música y otros archivos multimedia. Mientras que los CD suelen usarse para el almacenamiento de programas y archivos de audio, los DVD cuentan con mayor capacidad, lo que permite que sean usados para albergar programas de mayor peso y archivos de vídeo.

No obstante, aunque en su momento fueron ampliamente utilizados para distribuir contenidos multimedia, los CD y DVD han caído en desuso debido a la popularización de los medios digitales y el almacenamiento en la nube.

En cambio, las unidades **USB** son dispositivos de almacenamiento portátiles que permiten el acceso rápido a los datos almacenados en ellos y se siguen usando con normalidad. Actualmente los USB tienen una capacidad de almacenamiento de hasta 2 TB y alcanzan una velocidad de transferencia de datos de hasta 40 Gbps; son los llamados USB 4.0.

Aunque son usados ampliamente por los usuarios, el almacenamiento en la nube está ganando cada vez más terreno, y su uso se está reduciendo también poco a poco.

 Ejemplo

Un ejemplo de USB en uso es la distribución de presentaciones multimedia o catálogos de productos en ferias y eventos comerciales.

 Aplicación práctica

La nube es una red de servidores remotos que almacenan y gestionan datos y aplicaciones en lugar de hacerlo localmente en un dispositivo como un ordenador o un teléfono. Estos servidores están accesibles a través de internet, permitiendo a los usuarios guardar, acceder, y compartir archivos o usar aplicaciones desde cualquier lugar y en cualquier dispositivo con conexión.

Teniendo en cuenta lo visto en este epígrafe y basándose en su propia experiencia, indique las ventajas de almacenamiento que tiene este sistema frente a otros ejemplos de almacenamiento como el USB o el CD-DVD. Indique hasta un total de 8 ventajas.

SOLUCIÓN

1. Acceso desde cualquier lugar: los archivos y datos almacenados en la nube son accesibles desde cualquier dispositivo con conexión a internet, lo que facilita la movilidad y el trabajo remoto.
2. Seguridad y copias de seguridad: los proveedores de la nube suelen ofrecer altos niveles de seguridad, Además, el almacenamiento en la nube permite realizar copias de seguridad automáticas, evitando la pérdida de datos por fallos en el *hardware* local.

Continúa en página siguiente >>

<< Viene de página anterior

3. Ahorro de espacio local: al almacenar datos en la nube, se reduce la necesidad de espacio en discos duros o dispositivos físicos.
4. Escalabilidad: los usuarios pueden aumentar o disminuir el espacio de almacenamiento según sus necesidades sin necesidad de adquirir *hardware* adicional.
5. Sincronización automática: esto significa que cualquier cambio realizado en un archivo desde un dispositivo se actualizará automáticamente en todos los demás dispositivos conectados.
6. Colaboración en tiempo real: muchas plataformas de almacenamiento en la nube permiten a múltiples usuarios trabajar en un archivo o proyecto de forma simultánea.
7. Reducción de costes: el almacenamiento en la nube puede ser más económico, especialmente para empresas. Solo se paga por el espacio utilizado.
8. Actualización y mantenimiento automático: la nube actualiza automáticamente sus sistemas.

2.3. Publicaciones digitales

Las **publicaciones digitales** incluyen libros electrónicos *(e-books)*, revistas y otros documentos que se distribuyen en formato digital, generalmente accesibles a través de dispositivos como ordenadores, tabletas o lectores de *e-books*. Estos soportes permiten la integración de elementos multimedia interactivos y la actualización constante del contenido, ofreciendo una experiencia de lectura más rica en comparación con las publicaciones impresas.

Las publicaciones digitales se suelen encontrar en los siguientes formatos: pdf, epub, azw, mobi, iba y rtf.

 **Ejemplo**

Una revista en formato electrónico que incluye vídeos y enlaces interactivos, disponible para su descarga en plataformas como *Kindle*.

Actividades

4. ¿Qué ventajas cree que poseen las publicaciones digitales en *e-books* frente a las publicaciones en papel en libros?

2.4. Dispositivos móviles

Los **dispositivos móviles,** como *smartphones,* tabletas o *smartwatches,* son aparatos electrónicos portátiles que funcionan como plataformas que permiten a los usuarios acceder a contenido multimedia en cualquier momento y lugar. Estos dispositivos soportan una amplia gama de aplicaciones, desde navegadores web y redes sociales hasta juegos, libros electrónicos y plataformas de *streaming* de vídeo y música.

 Ejemplo

Una aplicación móvil de noticias que ofrece artículos, vídeos y notificaciones en tiempo real, permitiendo a los usuarios mantenerse informados.

Gracias a su conectividad y capacidad de procesamiento, los dispositivos móviles han transformado la forma en que se consume y comparte información multimedia.

? Sabía que...

El *smartphone* es el dispositivo móvil más usado en la actualidad, con un 82 % del total de conexiones y con una media de uso diario de más de 6 h.

3. Selección de elementos que conforman el prototipo

La selección de los elementos que conforman el prototipo es una etapa esencial en el desarrollo de un proyecto multimedia. Esta selección debe estar alineada con los objetivos del proyecto y las necesidades del usuario final, asegurando que el prototipo sea funcional, atractivo y efectivo.

Hay dos enfoques a la hora de abordar esta etapa: bien a partir del diseño que corresponde a un proyecto dado, bien a partir de un diseño basado en el guion.

3.1. Partiendo del diseño que corresponde a un proyecto dado

En este enfoque, la selección de los elementos del prototipo se realiza a partir de un **diseño preestablecido** que ya ha sido conceptualizado y aprobado. Este diseño actúa como una guía visual y estructural, proporcionando una base clara para decidir qué elementos se deben incluir en el prototipo. Aquí, el diseñador o desarrollador tiene un mapa detallado del proyecto que incluye el *layout,* la paleta de colores, la tipografía, y otros aspectos clave del diseño gráfico. La selección de imágenes, textos, multimedia y elementos interactivos se hace conforme a las especificaciones del diseño, asegurando que todos los componentes estén alineados con la estética y funcionalidad previstas.

Sin duda, para partir del diseño preestablecido en la creación de un pro-totipo, el *layout* es de suma importancia, ya que es la primera aproximación tangible al diseño final, y juega un papel fundamental en varias etapas del desarrollo.

 **Nota**

El *layout* se refiere a cómo se organizan los textos, imágenes, gráficos y otros elementos en una página.

Un *layout* debería tener los siguientes componentes:

- Encabezado o título principal con un texto cuyo contenido sirva para comunicar el objetivo del proyecto.
- *Banner* o imagen principal para reforzar el mensaje del título.
- Texto descriptivo del proyecto que proporcione información relevante sobre el mismo.
- Llamada a la acción con el objetivo de motivar el cliente.
- Pie del *layout* con datos sobre la empresa.

Además, en el diseño del mismo se recomienda usar los siguientes elementos visuales:

- Espacios en blanco alrededor del título, la imagen y el texto para evitar la saturación.
- Colores que contrasten con el fondo.
- Alineación del texto y el resto de componentes.
- Jerarquía visual: el título grande en la parte superior es lo primero que capta la atención, seguido de la imagen, luego el texto descriptivo y finalmente la llamada a la acción. Se suele usar una estructura en grilla o grid.

 **Nota**

Una **grilla** o **grid** es una estructura de guías invisibles o visibles que ayuda a organizar los elementos dentro de un diseño de manera sistemática y coherente. En un *layout,* la grilla sirve como una plantilla que divide el espacio en columnas, filas y módulos, permitiendo que los elementos gráficos y de texto se alineen de forma ordenada y consistente.

Existen varios programas y herramientas que se pueden utilizar para crear *layouts,* dependiendo del tipo de proyecto gráfico (diseño editorial, web, aplicaciones, etc.) y las necesidades del diseñador. Algunos de los más usados son *Adobe Indesign, Adobe XD, Sketch, Figma* o *Canva.*

Ejemplo de confección de un layout con Canva

Actividades

5. Busque información e indique qué tipologías son las que más se usan a la hora de elaborar un producto gráfico e indique cuál sería la más útil al crear una página web.

3.2. Basado en el guion

Un **guion multimedia** para un prototipo es un documento detallado que guía la creación de un producto digital interactivo, como una aplicación, una página web, o un *e-learning*. Este guion define el contenido, la estructura, la navegación, y las interacciones que el usuario tendrá con el producto. Se trata de una herramienta fundamental que detalla el contenido, la estructura narrativa y la interacción del usuario con el proyecto. Cuando se seleccionan elementos basándose en el guion, el enfoque se centra en cómo contar la historia o presentar la información de manera efectiva.

El guion multimedia está íntimamente relacionado con un mapa conceptual que organiza y conecta las ideas principales y subtemas del proyecto. A partir de este guion, se eligen los elementos necesarios para transmitir el mensaje de manera clara y atractiva: imágenes, vídeos, texto, audio, y elementos interactivos que se alineen con la narrativa y el flujo del proyecto. Un guion multimedia debería contener los siguientes elementos clave:

Título del proyecto

Se escribe el nombre y título del proyecto.

Introducción

Introducción con una breve descripción tanto de los objetivos como del público objetivo.

Continúa en página siguiente >>

<< Viene de página anterior

Contenido

Se describen los temas a tratar y el mensaje.

Elementos visuales

Se especifican los tipos de imágenes o gráficos a utilizar y las referencias a vídeos o animaciones.

Audio

Se describe tanto la música como los efectos de sonido o los diálogos.

Interacción del usuario

Se describen los elementos interactivos (botones, enlaces) y las diferentes opciones disponibles para el usuario.

 Ejemplo

A continuación, se expone un ejemplo de un guion multimedia para una plataforma educativa interactiva:

1. Título del proyecto:

EcoMondo: Aprendamos a cuidar el planeta

2. Introducción:

- **Descripción:** EcoMondo es una plataforma educativa interactiva diseñada para enseñar a niños y adolescentes sobre la importancia del cuidado del medio ambiente.
- **Objetivos:** concienciar sobre el cambio climático, el reciclaje y la sostenibilidad, utilizando medios visuales y actividades interactivas para mejorar la retención de la información.
- **Público objetivo:** niños de 8 a 14 años: estudiantes de primaria y secundaria interesados en el medio ambiente.

Continúa en página siguiente >>

<< Viene de página anterior

3. Contenido:

ı **Temas:**

1. Cambio climático
2. Reciclaje de materiales como plástico, papel y vidrio.
3. Energías renovables
4. Hábitos sostenibles para reducir el uso de plásticos, ahorrar agua y energía.

ı **Mensaje:** el contenido busca inspirar a los usuarios a tomar acciones pequeñas pero significativas para cuidar el planeta, promoviendo la idea de que cada acción cuenta.

4. Elementos visuales:

ı **Imágenes:** ilustraciones coloridas de la naturaleza, como árboles, animales y paisajes limpios.
ı **Gráficos:** infografías sobre los efectos del cambio climático y los beneficios del reciclaje.
ı **Vídeos y animaciones:**

ı **Vídeo:** un vídeo de 30 s mostrando cómo funcionan los parques eólicos y solares.
ı **Animaciones:** transiciones animadas entre secciones, como hojas moviéndose al cambiar de tema.

5. Audio:

ı **Música:** se utilizará una música de fondo relajante y alegre, basada en sonidos de la naturaleza.
ı **Efectos de sonido:** sonidos suaves de la naturaleza al interactuar con la plataforma.
ı **Diálogos:** narración breve con una voz amigable y clara que guiará a los usuarios a través de los temas principales.

6. Interacción del usuario:

ı **Botones interactivos:** se usarán los botones de **Explorar, Arrastrar y soltar,** o **Completado.**
ı **Enlaces:** cada tema principal contará con enlaces internos a recursos adicionales para profundizar el aprendizaje.
ı **Opciones de personalización:** los usuarios podrán elegir entre varios avatares y colores de la interfaz que reflejen su personalidad o intereses.

Aplicación práctica

A partir del ejemplo mencionado, cree un guion multimedia para una plataforma interactiva de entrenamiento físico en casa. No se olvide de incluir todos los elementos clave.

SOLUCIÓN

1. Título del proyecto:

   Ready Fitness: Entrenamiento en casa interactivo

2. Introducción:

   ı Descripción: Ready Fitness es una plataforma interactiva de entrenamiento físico en casa diseñada para usuarios de todos los niveles que buscan mantenerse en forma sin necesidad de acudir al gimnasio.
   ı Objetivos: proporcionar rutinas de ejercicios personalizadas adaptadas a las necesidades y niveles de los usuarios, motivando a los usuarios y ofreciéndoles una experiencia de fitness accesible y efectiva desde casa.
   ı Público objetivo: personas mayores de 18 años interesadas en mejorar su salud y condición física.

3. Contenido:

   ı Temas:

      ı Entrenamientos de cuerpo completo con diferentes rutinas.
      ı Yoga y flexibilidad para reducir el estrés.
      ı Ejercicios aeróbicos para quemar calorías y mejorar la resistencia cardiovascular.
      ı Seguimiento de progreso a través de gráficos.

   ı Mensaje:

      El mensaje principal de Ready Fitness es que no necesitas un gimnasio para ponerte en forma. La plataforma ofrece todo lo que necesitas para entrenar desde la comodidad de tu casa, con rutinas personalizadas, soporte visual y motivación constante.

Continúa en página siguiente >>

<< Viene de página anterior

4. Elementos Visuales:

- Vídeos: instrucciones paso a paso de los entrenamientos dirigidos por entrenadores certificados.
- Animaciones: muestran cómo realizar correctamente los ejercicios clave.
- Gráficos: diagramas interactivos que muestran el cuerpo humano y los músculos trabajados.
- Elementos interactivos: barras de progreso que permiten al usuario ver el tiempo restante de cada sesión.

5. Audio:

- Música: música motivacional adaptada al tipo de entrenamiento. Los usuarios podrán elegir entre varias *playlists* de géneros diferentes.
- Efectos de sonido: sonidos de "cuenta atrás" y sonidos de "aplausos" o "logros".
- Narración y diálogos: los entrenadores guiarán verbalmente cada rutina, ofreciendo instrucciones claras, motivación y consejos.

6. Interacción del usuario:

- Selección personalizada de rutinas:

  - Botones interactivos de "Empezar rutina" y "Pausa".
  - Seguimiento del progreso: el sistema mostrará un tablero con el historial de los entrenamientos completados, calorías quemadas y mejoras en el rendimiento. Además, el usuario recibirá insignias o recompensas digitales por alcanzar ciertos hitos.

- Retos y competiciones: el usuario puede unirse a retos semanales o invitar a amigos a participar.

---

4. Presentación plenamente funcional de un fragmento representativo del proyecto

La creación de un prototipo multimedia requiere la presentación de un fragmento funcional del proyecto que sirva como muestra representativa del producto final.

Este proceso incluye la elaboración de guiones previos, el diseño gráfico, la interfaz de usuario, los elementos multimedia, la funcionalidad, las interacciones, y la maqueta del resto del proyecto. Además, se deben definir las principales opciones de navegación y presentar los elementos relevantes del proyecto de manera convincente al cliente.

4.1. Guiones previos

Los **guiones previos** son esenciales para estructurar y planificar el contenido y la narrativa del proyecto. Estos guiones pueden ser esquematizados de manera resumida para identificar las secuencias clave y la distribución del contenido.

 Ejemplo

Por ejemplo, un guion esquemático para una aplicación educativa podría incluir:

▌ Inicio: pantalla de bienvenida con logotipo y botones de acceso.
▌ Menú principal: secciones como "Épocas", "Artistas" y "Galería".
▌ Contenido de una sección: breve descripción del Renacimiento, con vídeo introductorio y quiz.

La **narrativa del proyecto** es un punto muy importante a la hora de realizar un guion previo. Se refiere a la manera en que se organiza y cuenta la historia o el mensaje que se quiere transmitir a lo largo de un producto o proyecto multimedia. Es el hilo conductor que estructura la presentación de la información y guía al usuario o audiencia a través del contenido de forma coherente y lógica. Deberá tener **introducción, desarrollo y conclusión.**

 **Actividades**

6. En un vídeo promocional, la narrativa puede empezar explicando un problema, luego presentar cómo el producto resuelve ese problema y finalmente invitar al usuario a comprar el producto. ¿Cómo cree que sería la narrativa para un proyecto educativo multimedia?

4.2. Diseño gráfico

El **diseño gráfico** es fundamental para definir la estética y la funcionalidad del proyecto. Este incluye la elección de tipografías, colores, y el tratamiento de imágenes y gráficos mediante programas de edición gráfica como *Adobe Photoshop* o *Adobe Illustrator*.

A continuación, se describirán las pautas a considerar en cada uno de los anteriores parámetros.

Tipografía

La selección de tipografías debe reflejar la identidad del proyecto. Por ejemplo, para un proyecto educativo, se podrían utilizar tipografías legibles y profesionales como Arial o Times New Roman.

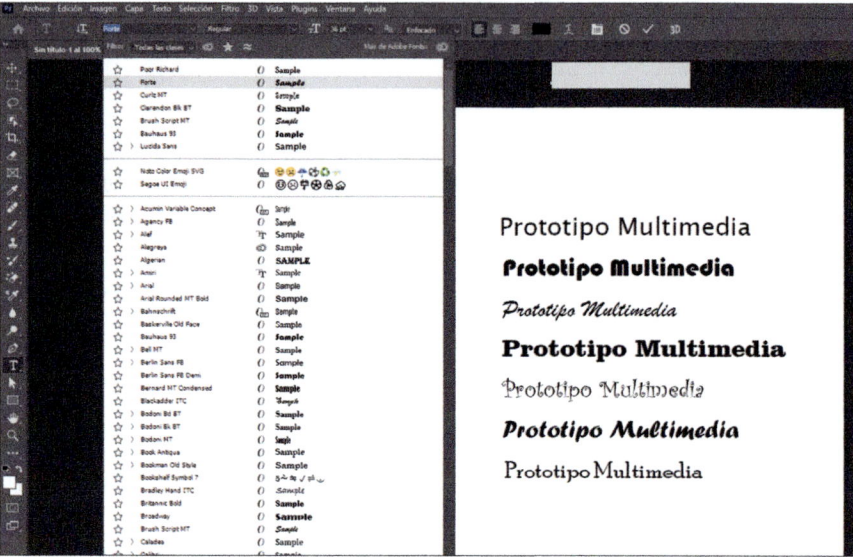

En la imagen se puede ver un ejemplo de la gran variedad de tipografías que se pueden escoger en Adobe Photoshop.

Colores

La paleta de colores debe ser coherente y acorde con el tono del proyecto. Para un proyecto sobre historia del arte, podrían utilizarse tonos clásicos como dorados, marrones y blancos.

 **Consejo**

Es importante usar una paleta de colores pequeña que incluya:

I **Colores primarios:** los colores principales que definirán la mayoría de los elementos del diseño.
I **Colores secundarios:** colores que complementan a los primarios y añaden diversidad.
I **Colores neutros:** colores como blancos, grises y negros que ayudan a equilibrar la paleta.

Tratamiento gráfico

Las imágenes y gráficos se deben optimizar para la web o la plataforma seleccionada, asegurando alta calidad y tiempos de carga rápidos. Esto incluye la edición, recorte, ajuste de colores, contrastes, y resoluciones.

 Aplicación práctica

La paleta de colores es un elemento fundamental en el diseño gráfico que se refiere al conjunto de colores seleccionados para un proyecto específico. La elección adecuada de colores no solo impacta la estética visual de un diseño, sino que también influye en la percepción y la experiencia del usuario. Los colores evocan emociones y sentimientos, teniendo esto en cuenta, mire el siguiente anuncio e indique lo que transmiten los colores utilizados en él.

Continúa en página siguiente >>

<< Viene de página anterior

SOLUCIÓN

En el anuncio adjunto, los colores predominantes son el rojo y el negro, acompañados de tonos naranja en el empaquetado de Doritos. Estos colores han sido seleccionados estratégicamente para transmitir emociones y conceptos específicos:

▎ **Rojo:** es un color muy que transmite mucha energía y pasión, que suele evocar emociones fuertes como la intensidad, acción, fuerza y determinación. En este anuncio, el rojo podría estar asociado con la valentía y la idea de atreverse a intentar, que es el mensaje central del eslogan ("Fallar es de valientes"). Además, el rojo es un color que llama la atención, lo cual es ideal en la publicidad para capturar la mirada del espectador rápidamente.
▎ **Negro:** el negro aporta un toque de elegancia y seriedad. También puede transmitir misterio o una sensación de poder. En este caso, el negro complementa al rojo, equilibrando la intensidad del color principal y dándole un tono más sofisticado y atractivo.
▎ **Naranja:** es un color que sugiere diversión, calidez y entusiasmo. También es un color que se asocia con la creatividad y la juventud. Además de representar el aspecto de los Doritos, añade un toque más simpático a la comunicación del anuncio.

En conjunto, estos colores crean un contraste poderoso y visualmente atractivo, con un mensaje claro y directo que invita a la acción y a ser audaz.

4.3. Interfaz

La **interfaz** de un prototipo multimedia es la representación visual e interactiva a través de la cual los usuarios interactúan con el producto o sistema en desarrollo. Es el espacio donde se integran los elementos gráficos, botones, menús, imágenes, vídeos, sonidos y otros componentes que permiten la interacción del usuario con el contenido multimedia. Estos elementos son:

1. **Diseño visual:** incluye el aspecto gráfico, como la disposición de los elementos en pantalla, el uso de colores, tipografía, iconos y estilos visuales que comunican la apariencia general del producto.
2. **Navegación:** las rutas o mecanismos que permiten al usuario moverse a través del contenido, como botones, menús desplegables, hipervínculos, etc. La navegación debe ser intuitiva y facilitar la interacción sin causar confusión.

3. **Interactividad:** la forma en que los usuarios pueden interactuar con la interfaz, como hacer clic en botones, arrastrar elementos, reproducir videos o activar acciones. Esto incluye cualquier función que responda a las acciones del usuario.
4. **Elementos multimedia:** imágenes, vídeos, sonidos y animaciones que forman parte del contenido que el usuario experimenta a través de la interfaz.
5. *Feedback* **del sistema:** la retroalimentación que recibe el usuario cuando realiza una acción, como el cambio de color de un botón al ser presionado o una animación que indica que se está cargando un vídeo.

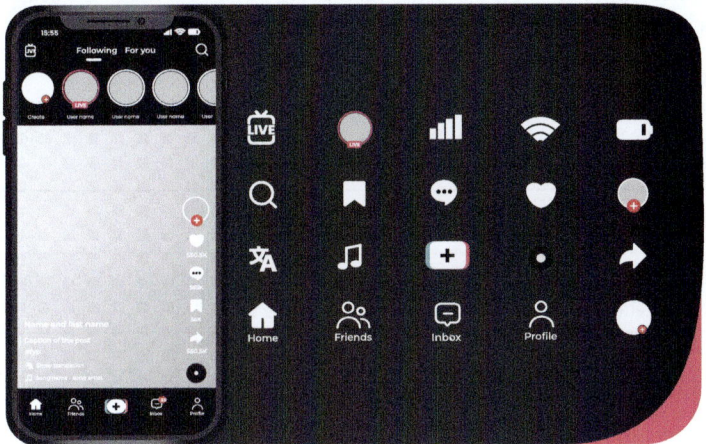

Ejemplo de la interfaz de la aplicación de TikTok en un smartphone

Según los niveles de interactividad, la interfaz puede ser:

Interfaz de navegación lineal

Permite al usuario seguir una secuencia predeterminada de pasos o contenidos, de manera similar a una presentación o vídeo lineal.

Interfaz de navegación no lineal

En este tipo de interfaz, el usuario tiene la libertad de elegir el orden en que explora el contenido.

Continúa en página siguiente >>

<< Viene de página anterior

Interfaz de navegación jerárquica

Esta interfaz organiza el contenido en varios niveles, desde una pantalla principal que conduce a submenús o categorías.

Interfaz de exploración

Este tipo de interfaz fomenta la exploración activa, donde el usuario interactúa directamente con elementos en pantalla para descubrir contenido.

Interfaz tactil y gestual

Este tipo de interfaz permite la interacción del usuario a través de gestos en una pantalla táctil o mediante el uso de dispositivos que reconocen movimientos.

Interfaz de control por voz

Interfaces que permiten al usuario interactuar mediante comandos de voz, sin necesidad de usar teclas o pantallas.

Interfaz de juego

Utiliza principios de diseño de videojuegos, como recompensas, puntos y niveles, para motivar al usuario a interactuar con el contenido.

 Actividades

7. Indique un ejemplo para cada uno de los tipos de interfaces mencionados. Puede buscar información en internet.

4.4. Elementos multimedia

Los elementos multimedia son componentes que se utilizan para enriquecer la presentación de información, facilitando una comunicación más efectiva y atractiva. Estos elementos combinan diferentes tipos de contenido, lo que permite una experiencia más dinámica e interactiva. Pueden incluir:

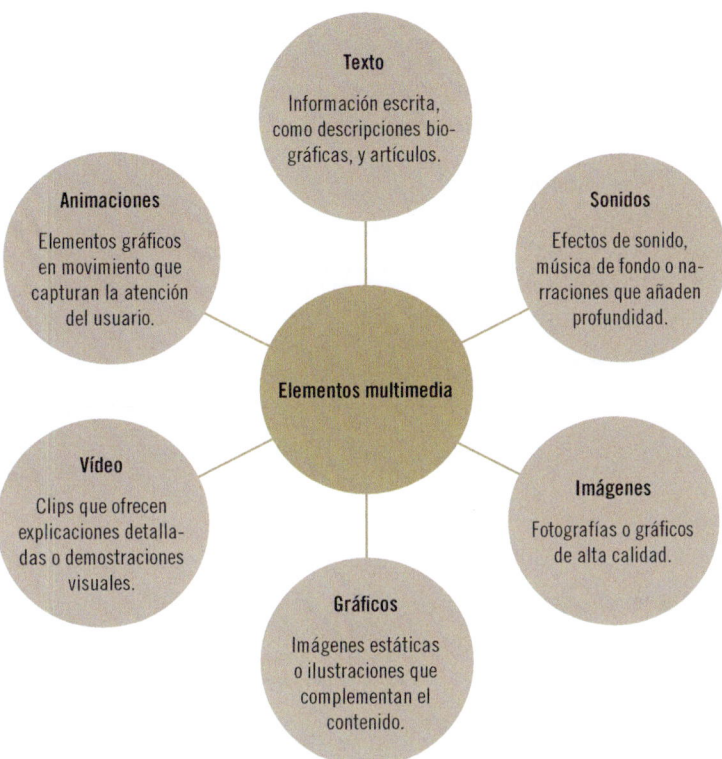

Uso de *sotfware* especializado

Para el desarrollo de diferentes elementos multimedia, será necesario utilizar *software* especializado que se adapte a cada tipo de contenido. Los *software* básicos recomendados para la creación de contenidos y de elementos multimedia son:

- Texto:

  - *Microsoft Word:* para la creación y edición de documentos de texto, ofrece herramientas de formato y revisión.
  - *Google Docs:* para la creación colaborativa de documentos en línea, permitiendo el acceso y la edición desde cualquier lugar.
  - *Scrivener:* ideal para la escritura de contenido extenso como artículos, libros o biografías, con herramientas para la organización.

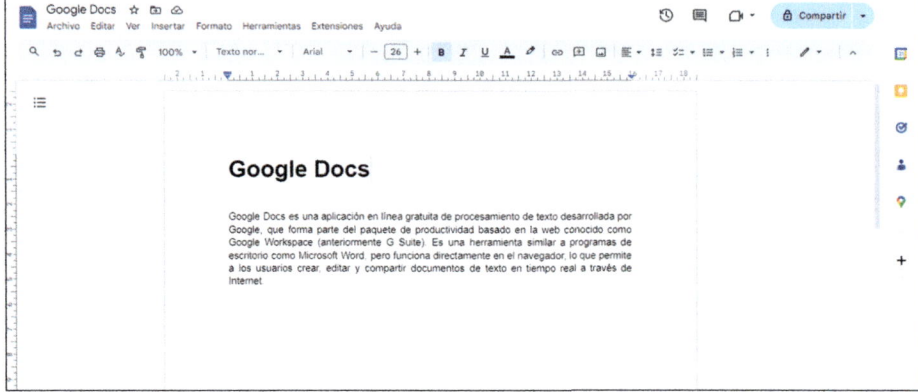

Ejemplo de texto tratado en Google Docs

■ Gráficos:

▎ **Adobe Illustrator:** para la creación de gráficos vectoriales e ilustraciones personalizadas.

▎ **Canva:** herramienta en línea que permite diseñar gráficos de forma sencilla utilizando plantillas.

▎ **Inkscape:** *software* gratuito y de código abierto para crear gráficos vectoriales.

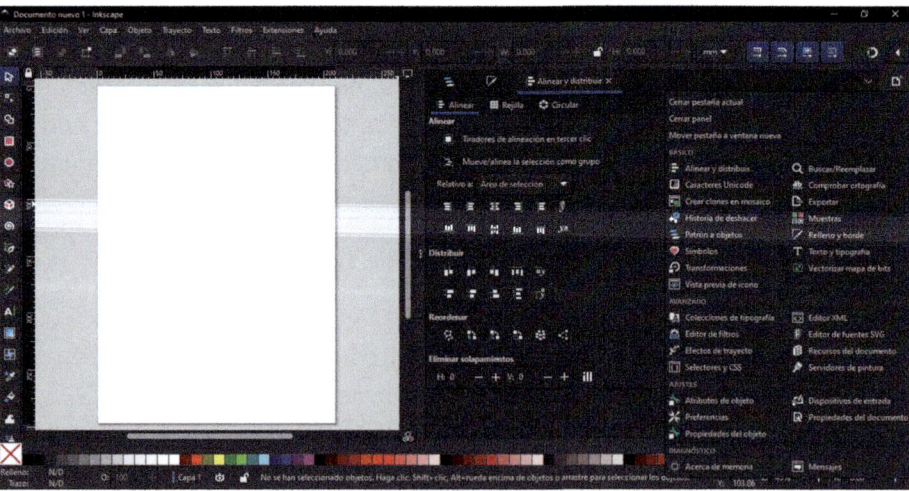

Imagen que muestra la pantalla principal del programa Inkspace

- Sonidos:

  - *Audacity:* para grabar y editar sonidos, efectos de sonido y narraciones de manera gratuita.
  - *Adobe Audition:* *software* profesional para la producción y edición de audio, ideal para música de fondo y efectos de sonido.
  - *GarageBand:* herramienta para Mac que permite crear y editar música y grabaciones de voz de manera sencilla.

- Imágenes:

  - *Adobe Photoshop:* para la edición y retoque de fotografías y gráficos de alta calidad.
  - *GIMP:* alternativa gratuita y de código abierto para la edición de imágenes.
  - *Lightroom:* para la organización y edición de fotografías, ideal para la mejora de imágenes de alta calidad.

- Animaciones:

  - *Adobe After Effects:* para crear animaciones complejas y efectos visuales profesionales.
  - *Blender:* herramienta gratuita y de código abierto para la creación de animaciones 3D y 2D.
  - *Toon Boom Harmony:* para la creación de animaciones 2D, utilizada en producciones profesionales.

- Vídeo:

  - *Adobe Premiere Pro:* para la edición de vídeo profesional, permite integrar efectos y transiciones.

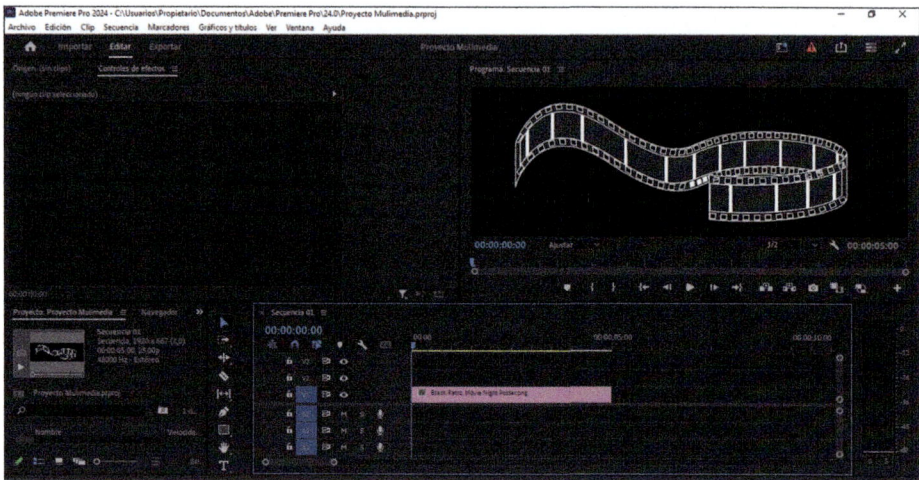

Imagen que muestra la pantalla principal del programa Adobe Premiere

▪ **Final Cut Pro:** herramienta de edición de vídeo para usuarios de Mac, ideal para proyectos de alta calidad.

▪ **DaVinci Resolve:** ofrece edición de vídeo y corrección de color avanzada, disponible en una versión gratuita.

 ## Aplicación práctica

Usando *Canva*, debe crear una infografía para incluirla en una página web educativa sobre el uso de las tecnologías de la información entre adolescentes, indicando porcentajes de uso y ejemplos. Escriba el texto que incluiría en esa infografía, que deberá contener los siguientes puntos:

Título de la infografía: Uso de tecnologías de la información entre adolescentes

Puntos que incluir:

1. Acceso a la tecnología
2. Redes sociales
3. Educación y Aprendizaje

Continúa en página siguiente >>

<< Viene de página anterior

4. Comunicación
5. Tiempo de uso
6. Impacto en la salud
7. Seguridad en línea
   Conclusiones
   Consejos para padres y educadores

Además, cada punto deberá incluir por ejemplo un punto explicativo, datos como porcentajes o ejemplos de herramientas usadas.

SOLUCIÓN

Uso de tecnologías de la información entre adolescentes

1. Acceso a la tecnología:

   ▪ 98 % de los adolescentes tienen acceso a un dispositivo móvil.
   ▪ 95 % de los jóvenes utilizan internet diariamente.

2. Redes sociales:

   ▪ 87 % de los adolescentes usan plataformas de redes sociales.
   ▪ Las más populares: Instagram y *TikTok*.

3. Educación y Aprendizaje:

   ▪ 75 % utilizan la tecnología para estudiar y hacer tareas.
   ▪ Herramientas: *GoogleClassroom* y *Kahoot!*

4. Comunicación:

   ▪ 85 % prefieren comunicarse a través de mensajes de texto, sobre todo.
   ▪ Las videollamadas y aplicaciones de mensajería son populares para mantener el contacto con amigos y familiares. Destaca *WhatsApp*.

5. Tiempo de uso:

   ▪ Promedio de 7 horas al día en actividades digitales.
   ▪ Principalmente en juegos, redes sociales y *streaming* de vídeos.

Continúa en página siguiente >>

<< Viene de página anterior

6. Impacto en la salud:

  I 49 % reportan sentir ansiedad si no pueden acceder a sus dispositivos.
  I Importancia del equilibrio entre el uso digital y actividades físicas.

7. Seguridad en línea:

  I 60 % de los adolescentes han experimentado algún riesgo en línea.
  I Necesidad de educación sobre ciberseguridad y privacidad.

Conclusiones:

  I La tecnología es una herramienta esencial en la vida de los adolescentes.
  I Es fundamental promover un uso saludable y seguro de la tecnología.
  I La educación y el diálogo son claves para enfrentar los retos del mundo digital.

Consejos para padres y educadores:

  I Establecer límites de tiempo de pantalla.
  I Fomentar la comunicación sobre experiencias en línea.

4.5. Funcionalidad

La **funcionalidad** del prototipo se refiere a su capacidad para cumplir con los objetivos del proyecto de manera eficiente. Una funcionalidad bien implementada asegura que el producto final sea de alta calidad. Esto incluye la capacidad de la aplicación para cargar rápidamente, responder a las acciones del usuario sin errores, y proporcionar una experiencia de usuario fluida y satisfactoria.

Para saber más

Los **prototipos multimedia de alta funcionalidad** son aquellos que permiten una mayor interacción del usuario y que simulan, de manera más realista, el producto final. Este tipo de prototipos están diseñados para ofrecer una experiencia cercana a la versión definitiva del proyecto multimedia, permitiendo que los usuarios interactúen con múltiples elementos, prueben características clave y brinden retroalimentación detallada sobre su funcionamiento.

4.6. Interacciones

Las **interacciones** definen cómo el usuario interactúa con el prototipo. Por ejemplo, en una aplicación educativa, el usuario podría interactuar seleccionando respuestas en un quiz, navegando por galerías de arte con toques y deslizamientos, o reproduciendo vídeos con un simple clic. Es esencial que las interacciones sean intuitivas y mejoren la usabilidad del proyecto.

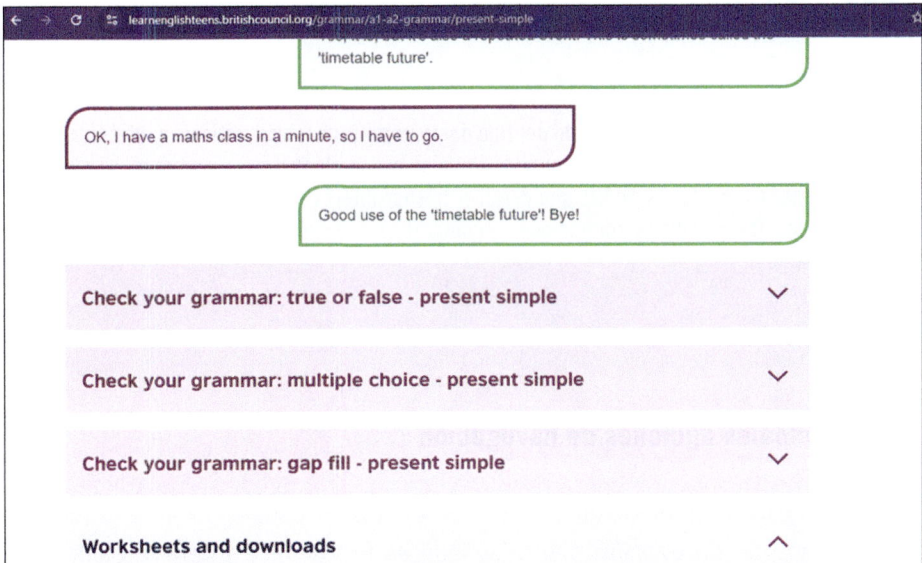

Ejemplo de página web educativa (British Council) en la que el usuario puede acceder a diferentes quizzes para comprobar el nivel de gramática

Actividades

8. ¿Cómo podría interactuar el usuario en una tienda en línea? Por ejemplo, al navegar por los productos, el usuario usaría un carrusel de imágenes con los productos.

4.7. Maqueta del resto del proyecto

La **maqueta** es una representación visual del proyecto completo, mostrando cómo se integran todos los elementos descritos anteriormente. Esta maqueta debe incluir todas las pantallas, menús y contenidos relevantes, proporcionando una visión clara de la estructura y el flujo del proyecto. La maqueta permite identificar posibles mejoras y asegurarse de que todos los componentes funcionan de manera armoniosa antes de la producción final.

Consejo

Existen varias herramientas y programas que pueden usarse para crear una maqueta o prototipo multimedia, dependiendo del tipo de proyecto (aplicación, sitio web, plataforma educativa, etc.) y el nivel de funcionalidad que se desee alcanzar. Sin embargo, se suele recomendar el uso de *Adobe XD,* que permite diseñar interfaces de usuario (UI), crear interacciones, transiciones y animaciones, y compartir los prototipos con otros para obtener *feedback.*

4.8. Principales opciones de navegación

La **navegación** es el sistema mediante el cual el usuario explora el proyecto. Un menú de navegación bien diseñado es fundamental para la usabilidad del proyecto, permitiendo al usuario acceder a diferentes secciones de manera rápida y sencilla. El menú debe ser accesible en todo momento, con opciones claras y organizadas de manera lógica. Es importante considerar aspectos como la coherencia visual, la facilidad de uso, y la capacidad de volver al inicio o a secciones previas sin complicaciones.

Las principales opciones de navegación se mostrarán a través de iconos y son:

- **Menú principal:** punto central de navegación, generalmente ubicado en la parte superior o lateral, que permite acceder a las secciones clave del proyecto.
- **Barra de navegación:** barra fija que contiene enlaces a las principales áreas del proyecto, facilitando el acceso desde cualquier página.
- **Menú hamburguesa:** icono desplegable, común en dispositivos móviles, que revela el menú de navegación.
- **Navegación en el pie de página:** menú ubicado en la parte inferior, con enlaces a páginas secundarias como políticas de privacidad y redes sociales.
- **Navegación por pestañas:** organización de contenido en pestañas dentro de la misma página, permitiendo cambiar entre secciones fácilmente.
- **Botones de Anterior/Siguiente:** permiten moverse secuencialmente entre páginas o secciones, útiles para contenidos lineales.
- **Navegación contextual:** enlaces dentro del contenido que llevan a páginas relacionadas o más detalladas.
- **Menú lateral desplegable:** menú ubicado en el lateral, que se despliega al hacer clic o pasar el cursor.
- **Barra de Búsqueda:** permite buscar contenido específico dentro del proyecto, facilitando la navegación.
- **Navegación por desplazamiento o** *scrolling:* acceso a diferentes secciones mediante el desplazamiento vertical u horizontal, común en diseños de página única.

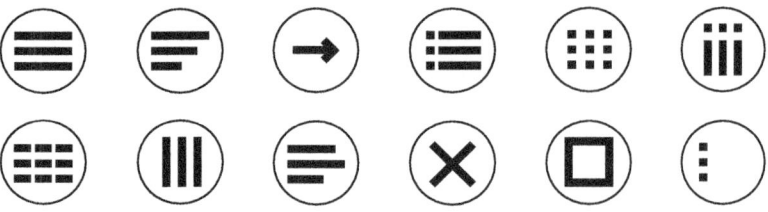

Ejemplos de iconos de menús de navegación tipo hamburguesa para apps

Sabía que...

Los *Breadcrumbs* son el término con el que se denomina a la secuencia de enlaces que muestra la ruta que el usuario ha seguido dentro del proyecto.

Aplicación práctica

Usando su *smartphone* (debe ser un dispositivo con *Android)* y con ayuda de internet, especifique las opciones de navegación que encuentre. Cite al menos seis opciones.

SOLUCIÓN

▪ Botones de navegación:

  ▪ Botón de Inicio: lleva a la pantalla principal desde cualquier aplicación.
  ▪ Botón Atrás: permite retroceder a la pantalla anterior.
  ▪ Botón de Aplicaciones recientes: muestra las aplicaciones que se han utilizado recientemente.

▪ Navegación por gestos:
  Algunos son:

  ▪ Deslizar hacia arriba desde la parte inferior: lleva a la pantalla de inicio.
  ▪ Deslizar hacia arriba y mantener: abre la vista de aplicaciones recientes.
  ▪ Deslizar desde el borde lateral: funciona como el botón Atrás.

▪ Navegación por Barra de notificaciones:

  Al deslizar hacia abajo desde la parte superior de la pantalla, se accede a la barra de notificaciones, que muestra alertas de aplicaciones y accesos directos a configuraciones rápidas como el modo avión.

Continúa en página siguiente >>

<< Viene de página anterior

❚ Navegación por iconos y carpetas en la pantalla de Inicio:

Los usuarios pueden tocar los iconos de aplicaciones en la pantalla principal para abrirlas o agrupar aplicaciones en carpetas.

❚ Navegación mediante la Barra de búsqueda de *Google:*

Generalmente incluyen una barra de búsqueda de Google en la pantalla de inicio, que permite realizar búsquedas rápidas tanto en el dispositivo como en la web.

❚ Navegación por desplazamiento *(Scrolling):*

En pantallas largas, como páginas web o listas de aplicaciones, los usuarios pueden desplazarse vertical u horizontalmente deslizando el dedo por la pantalla.

4.9. Demostración de elementos relevantes del proyecto

La **demostración** o presentación al cliente es la culminación del proceso de desarrollo del prototipo. Es primordial presentar el proyecto de manera profesional, destacando las características más relevantes y explicando cómo cada elemento contribuye al éxito del proyecto. La presentación debe ser clara, concisa, y enfocada en cómo el proyecto cumple con los objetivos establecidos.

Algunos tipos serían:

Demostración en vivo

Presentación interactiva del proyecto frente a clientes o partes interesadas, mostrando su funcionalidad en tiempo real.

Propotipo funcional

Presentación de una versión preliminar que muestra cómo funcionará el producto final, destacando sus características clave.

Continúa en página siguiente >>

<< Viene de página anterior

Vídeo demostrativo

Creación de un vídeo que recorre el proyecto, explicando sus funciones y mostrando cómo los usuarios interactuarán con él.

Representación visual

Uso de diapositivas o *slides* para explicar los aspectos más importantes del proyecto, incluyendo capturas de pantalla y gráficos explicativos.

Simulaciones

Recreación digital de cómo se comportará el proyecto en situaciones reales, útil para proyectos interactivos o con funciones complejas.

Mockups (Maquetas visuales)

Presentación de maquetas detalladas que muestran la apariencia y disposición del proyecto.

Pruebas de usuario

Invitación a usuarios o clientes para que interactúen con el proyecto en desarrollo.

 Actividades

9. Busque un ejemplo de *mockup* de un proyecto multimedia y describa qué elementos contiene. ¿Cree que es una buena presentación de cara al cliente?

5. Determinación de las herramientas para desarrollar el prototipo en función de varios aspectos

Desarrollar un prototipo exitoso requiere la determinación precisa de las herramientas necesarias, adaptadas a las características específicas del proyecto. La selección de estas herramientas debe basarse en varios factores clave, como la complejidad del contenido, el entorno de uso, la tipología de los usuarios finales, la intensidad del uso multimedia, la necesidad de bases de datos y pantallas dinámicas, la interacción con el usuario, y la frecuencia prevista de mantenimiento del producto.

5.1. Complejidad de contenido y/o uso del proyecto

La complejidad del contenido y el uso del proyecto es un factor importante en la selección de herramientas para el desarrollo del prototipo. Esta complejidad puede variar según los parámetros definidos por el cliente, como la cantidad de contenido interactivo, la necesidad de personalización, y la profundidad de la información presentada.

Proyectos con contenido muy complejo requerirán herramientas más avanzadas que permitan gestionar y organizar grandes volúmenes de datos, así como interfaces que faciliten la navegación y comprensión del usuario. Por lo tanto, es esencial evaluar la complejidad desde el inicio para elegir herramientas que puedan soportar el desarrollo sin comprometer la calidad del producto.

Para llevar a cabo esta evaluación se deberán considerar los siguientes aspectos:

- **Requerimientos del cliente:** entender qué tipo de contenido se espera, la interactividad necesaria, el nivel de personalización requerido y la profundidad de la información a presentar.
- **Volumen de datos:** determinar la cantidad y tipo de datos que se manejarán.
- **Interactividad y funcionalidades:** evaluar qué funciones interactivas son necesarias, como animaciones, herramientas de colaboración, etc.
- **Interfaces de usuario:** considerar la complejidad de las interfaces de usuario necesarias para facilitar la navegación y la comprensión del contenido.
- **Escalabilidad:** prever si el proyecto puede necesitar escalarse en el futuro para manejar mayores volúmenes de usuarios o datos.
- **Experiencia del equipo:** es fundamental elegir tecnologías con las cuales el equipo esté familiarizado o esté dispuesto a aprender rápidamente.
- **Tiempo y presupuesto:** considerar los recursos disponibles para la implementación y mantenimiento del proyecto.

Actividades

10. Los datos que se manejan a la hora de valorar la complejidad de un contenido o proyecto pueden ser tanto datos estáticos como dinámicos. Busque información y defínalos.

5.2. Entorno de uso (tipo de dispositivo)

El **entorno de uso,** es decir, el tipo de dispositivo en el que se utilizará el proyecto, influye significativamente en la elección de las herramientas. La complejidad del diseño y las herramientas variará dependiendo de si el proyecto está destinado a dispositivos móviles, tabletas, ordenadores o dispositivos con interfaces táctiles.

Cada entorno presenta sus propios desafíos, como la necesidad de optimizar la interfaz para pantallas pequeñas en móviles o la necesidad de soportar diferentes resoluciones y sistemas operativos. Seleccionar las herramientas adecuadas para el desarrollo, que permitan crear interfaces adaptables y responsivas, es esencial para asegurar que el prototipo funcione perfectamente en todos los entornos previstos.

 Nota

En este sentido se deberá tener en cuenta la accesibilidad del dispositivo. Considerar las necesidades de accesibilidad desde el principio del desarrollo asegura que la aplicación pueda ser usada por cualquier usuario, independientemente del dispositivo. Esto incluye la implementación de etiquetas ARIA (conjunto de atributos que se pueden añadir a elementos HTML para mejorar la accesibilidad de aplicaciones web y contenido dinámico) y la garantía de que el contenido sea navegable mediante teclado.

Diferentes entornos de uso

5.3. Tipología de usuarios finales

El formato y la presentación del producto cambiarán dependiendo del tipo de usuario final, que puede clasificarse en categorías como multimedia, educativa, publicitaria, comercial o informativa.

Los usuarios finales son las personas o grupos, a los que se puede identificar como **entornos,** para quienes se diseña un producto o servicio, y sus características, necesidades y comportamientos influyen directamente en el desarrollo del proyecto. A continuación, se describen diferentes tipos de usuarios finales.

Entornos educativos

Incluye estudiantes, profesores y administradores educativos que utilizan productos multimedia para el aprendizaje, la enseñanza o la gestión educativa. Algunos ejemplos son aplicaciones de aprendizaje de idiomas o plataformas de *e-learning*.

Entornos publicitarios

Incluye profesionales del *marketing* y la publicidad, así como consumidores que interactúan con contenido promocional. Algunos ejemplos son *banners* interactivos o anuncios en redes sociales.

Ejemplo de banner interactivo en una página web. Al hacer clic le lleva a la página web anunciada.

Entornos comerciales

Este grupo está compuesto por empresarios, empleados y clientes que utilizan productos multimedia para el comercio, incluidas las transacciones en línea y la gestión empresarial. Algunos ejemplos son webs de comercio electrónico o *software* de gestión de inventarios.

Entornos informativos

Formados por usuarios que buscan acceso rápido y fácil a información precisa y actualizada. Este grupo incluye lectores de noticias, investigadores y cualquier persona interesada en consumir contenido informativo. Algunos ejemplos son bases de datos de investigación, sitios web de noticias y blogs.

Entornos de entretenimiento

Formado por personas que consumen contenido multimedia principalmente para el entretenimiento. Algunos ejemplos son servicios de *streaming* de vídeo o aplicaciones de música.

Entornos profesionales

Este grupo incluye profesionales que utilizan herramientas especializadas para realizar sus tareas diarias. Algunos ejemplos son *software* de diseño gráfico o aplicaciones de gestión de proyectos.

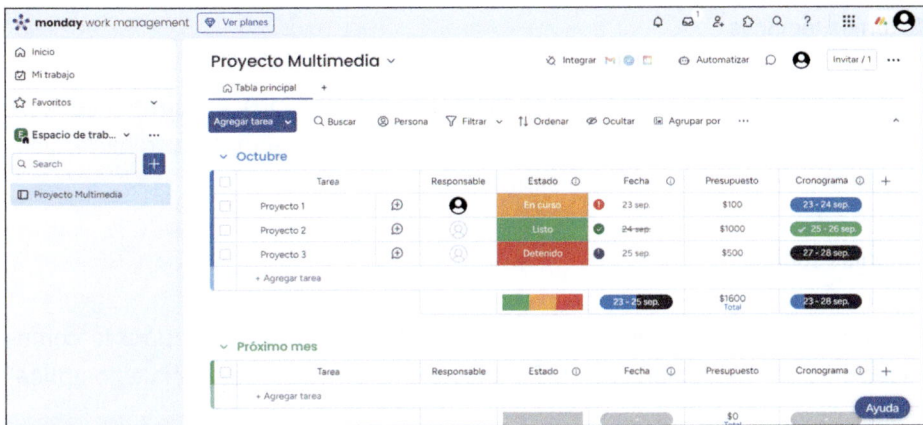

Ejemplo de una aplicación para un entorno profesional. Monday es una aplicación de gestión de proyectos online. En la imagen se muestra el panel de trabajo de la aplicación.

Entornos institucionales o corporativos

Incluyen organizaciones, gobiernos y grandes corporaciones que utilizan productos multimedia para mejorar la comunicación, la gestión interna y la prestación de servicios. Algunos ejemplos son intranets corporativas o plataformas de comunicación interna.

 ## Actividades

11. Una intranet es una red privada que utiliza tecnología de internet para facilitar la comunicación, colaboración y gestión de información dentro de una organización. A diferencia de internet, que es accesible a cualquier persona con conexión, una intranet está restringida a los empleados o miembros autorizados de una empresa o institución. Busque información e indique qué usos podría tener una intranet y qué beneficios tendría para una empresa.

Entornos técnicos

Este tipo de usuarios tiene conocimientos avanzados y utiliza productos multimedia para tareas técnicas y complejas. Algunos ejemplos son herramientas de desarrollo de *software* o simuladores industriales.

Entornos sociales

Formado por personas que utilizan plataformas multimedia para la comunicación y la interacción social. Algunos ejemplos son redes sociales o aplicaciones de mensajería.

5.4. Intensidad de interacción con el usuario

La intensidad de interacción con el usuario se refiere a la cantidad y calidad de la interacción que los usuarios experimentan al utilizar un producto. En proyectos que incorporan elementos multimedia, es fundamental encontrar un equilibrio entre la complejidad del contenido y la facilidad de uso. Un diseño que no contemple adecuadamente la interacción puede resultar en una experiencia de usuario frustrante y poco efectiva.

El diseño del prototipo debe mantener un equilibrio entre la simplicidad y la inclusión de todos los elementos multimedia necesarios, como imágenes, vídeos, audios y animaciones. La intensidad del uso de multimedia en el proyecto determinará qué herramientas son necesarias para crear, editar e integrar estos elementos. Proyectos con un alto contenido multimedia pueden requerir *software* especializado para la creación y optimización de recursos visuales y auditivos, así como plataformas que soporten la carga y reproducción eficiente de estos archivos. La selección adecuada de herramientas en este aspecto asegura que el proyecto mantenga su calidad sin sacrificar la funcionalidad.

Ejemplo

I *Software* **para la creación y optimización de recursos visuales:** *Adobe Photoshop, Adobe Illustrator, Blender, Adobe After Effects* o *GIMP.*

I *Software* **para creación y optimización de recursos auditivos:** *Adobe Audition, Audacity* o *FL Studio.*

I **Plataformas que soportan la carga y reproducción de archivos multimedia:** *YouTube, Vimeo, Google Cloud* o *Amazon Web Services.*

Pantalla principal de GIMP con una imagen preparada para ser editada

5.5. Uso de bases de datos/generación dinámica de pantallas

La creación de **bases de datos** es esencial para reunir y gestionar la información del proyecto de manera estructurada. Una base de datos permite almacenar y acceder a grandes cantidades de datos de manera eficiente, lo cual es crucial para proyectos que manejan información dinámica o personalizada.

Las principales funciones de las bases de datos en proyectos gráficos y aplicaciones son:

- Permiten organizar la información en tablas, relaciones y formatos que facilitan su acceso y manipulación.
- Facilitan la recuperación rápida de la información, incluso cuando se trata de grandes cantidades de datos.
- Son esenciales en aplicaciones donde la información cambia a menudo, siendo especialmente útiles en la gestión de inventarios de productos.
- Permiten establecer políticas de seguridad que controlan el acceso a los datos, asegurando que solo los usuarios autorizados puedan leer o modificar información sensible.
- Se pueden vincular a diversas herramientas de desarrollo y *software,* lo que facilita la conexión entre los datos almacenados y la interfaz gráfica del usuario.

Por su parte, la **generación dinámica de pantallas** se refiere a la capacidad del prototipo para actualizarse en tiempo real según la información almacenada en la base de datos. Esto es especialmente importante en aplicaciones que requieren la presentación de contenido personalizado o actualizaciones frecuentes. Las herramientas seleccionadas deben ser capaces de integrar bases de datos robustas y soportar la generación dinámica de contenido sin comprometer el rendimiento.

 Actividades

12. Existen diversas herramientas para la creación y gestión de bases de datos, cada una con características y funciones específicas que se adaptan a diferentes necesidades y niveles de complejidad. Busque seis ejemplos de estas herramientas.

La combinación de bases de datos robustas con la generación dinámica de pantallas es fundamental para proyectos que necesitan ofrecer contenido personalizado, actualizado y escalable.

Las ventajas de esta integración se podrían resumir en:

Personalización del contenido en función de las preferencias del usuario al conectar una base de datos con la interfaz.

Las interacciones se pueden ver a tiempo real, mejorando la experiencia de usuario. Es muy útil en las redes sociales.

Las actualizaciones automáticas reducen la cantidad de aciones manuales que el usuario debe realizar, mejorando la usabilidad.

Las bases de datos, sobre todo aquellas basadas en la nube, permiten manejar un volumen creciente de usuarios y datos sin perjudicar el rendimiento.

 Ejemplo

Las tiendas *online* utilizan bases de datos para gestionar inventarios, usuarios y pedidos. Las pantallas dinámicas permiten que los productos recomendados cambien según las compras anteriores del usuario y que los precios o *stock* se actualicen en tiempo real.

5.6. Intensidad de interacción con el usuario

La **intensidad de la interacción** con el usuario es un factor determinante en el diseño del prototipo. A mayor interacción, mayor es la satisfacción del usuario, pero también mayor es la complejidad del diseño y las herramientas necesarias.

Es fundamental elegir herramientas que permitan desarrollar interfaces interactivas, con elementos como formularios, quizzes, botones de acción, y sistemas de retroalimentación en tiempo real. Estas herramientas deben garantizar una experiencia fluida y agradable para el usuario, manteniendo un equilibrio entre la funcionalidad y la facilidad de uso.

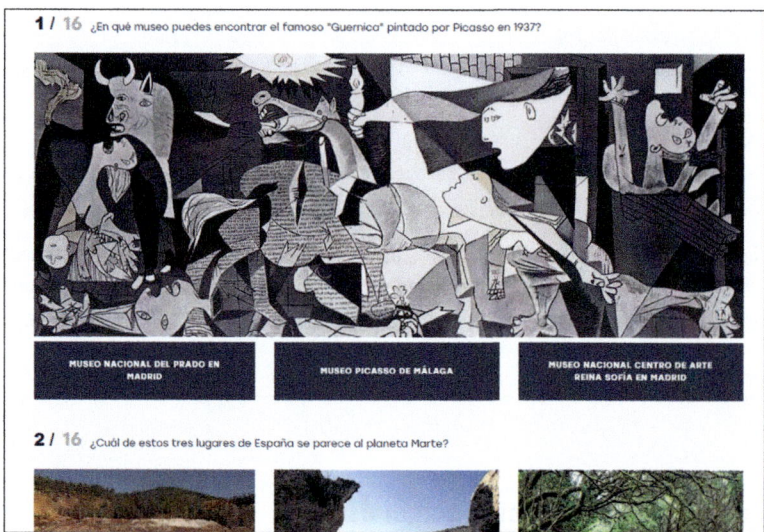

Portal oficial de Turismo en España en el que aparece un quiz que hace interactuar al usuario

5.7. Frecuencia prevista de mantenimiento del producto

El **mantenimiento** regular del producto es esencial para asegurar su funcionamiento continuo y su relevancia a lo largo del tiempo. La frecuencia con la que se prevé realizar el mantenimiento debe considerarse al elegir las herramientas de desarrollo.

Es importante seleccionar herramientas que permitan realizar actualizaciones y correcciones de manera eficiente, sin interrumpir la experiencia del usuario. Además, el mantenimiento debe incluir la revisión del *feedback* de los usuarios para implementar mejoras que mantengan el producto alineado con las expectativas y necesidades cambiantes del mercado. La frecuencia de mantenimiento debe ser determinada en función de varios factores, tales como:

Complejidad del producto: productos más complejos o con una alta frecuencia de cambios pueden requerir un mantenimiento más frecuente para asegurar que todos los componentes funcionen correctamente y estén actualizados.

Uso del producto: la frecuencia de uso y el número de usuarios también influyen en la necesidad de mantenimiento. Productos utilizados por una gran base de usuarios pueden requerir actualizaciones más frecuentes para abordar problemas que surgen con la escala.

***Feedback* de usuarios**: la revisión continua del *feedback* de los usuarios es crucial. Las solicitudes de características, quejas o sugerencias pueden guiar la planificación del mantenimiento y ayudar a priorizar las tareas.

 Actividades

13. Para el mantenimiento del producto son muy útiles las plataformas de gestión de proyectos, diseñadas para ayudar a los equipos y organizaciones a planificar, ejecutar, monitorizar y concluir proyectos de manera eficiente y efectiva. Busque tres ejemplos de estas plataformas y descríbalas.

6. Resumen

La creación de prototipos editoriales multimedia es fundamental para cualquier proyecto digital, ya que permite identificar y corregir problemas antes de su producción final. Este proceso proporciona una representación preliminar del producto que sirve para realizar pruebas y ajustes, asegurando que las decisiones de diseño y funcionalidad estén alineadas con los objetivos establecidos. Evaluar la complejidad del contenido y utilizar herramientas adecuadas es uno de los mayores desafíos, considerando aspectos como el volumen de datos, el nivel de interactividad y la personalización.

Es esencial seleccionar herramientas que ofrezcan flexibilidad, escalabilidad y facilidad de uso, permitiendo integrar contenido multimedia, como imágenes, vídeos y audios, sin comprometer el rendimiento o la experiencia del usuario. Los prototipos deben diseñarse de manera que no solo sean funcionales, sino también atractivos, manteniendo un equilibrio entre simplicidad y profundidad en los elementos interactivos para retener al usuario final.

Otro aspecto importante es la frecuencia de mantenimiento del producto, que asegura su correcto funcionamiento a largo plazo. Las actualizaciones planificadas basadas en el *feedback* y el uso real permiten mejorar continuamente el producto. Además, adaptarse a las necesidades del usuario final y del entorno en el que se implementará el prototipo garantiza que el resultado sea intuitivo, accesible y relevante.

Ejercicios de repaso y autoevaluación

1. **Defina qué es un prototipo multimedia:**

_____

_____

_____

_____

2. **Complete la siguiente oración:**

Las páginas web pueden ser _____ o _____. Las páginas _____ son sitios con contenido fijo, mientras que las páginas _____ permiten que el contenido cambie según la interacción del usuario o de otras variables como la hora.

3. **Indique si las siguientes oraciones son verdaderas o falsas. Justifique la respuesta.**

a. La valoración de la complejidad del prototipo no afecta a la calidad del producto final.

☐ Verdadero
☐ Falso

b. Los CD y DVD son actualmente los soportes físicos más utilizados para almacenar y distribuir contenidos multimedia.

☐ Verdadero
☐ Falso

4. Relacione cada tipo de página web con su descripción correspondiente:

    a. Blog
    b. Web corporativa
    c. *E-commerce*
    d. Redes sociales

    __ Tiendas en línea con carritos de compras.
    __ Páginas que permiten la interacción entre usuarios.
    __ Publicaciones de contenido cronológico inverso.
    __ Páginas que presentan productos y servicios de una empresa.

5. ¿Cuál de las siguientes páginas es un ejemplo de página de *e-commerce?*

    a. *Wikipedia*
    b. *Amazon*
    c. *Behance*
    d. *Coursera*

6. ¿Qué es la nube?

    _____
    _____
    _____
    _____

7. ¿Cuál de las siguientes plataformas es un ejemplo de red social?

    a. *BlinkLearning*
    b. *Adobe*
    c. *Canva*
    d. *LinkedIn*

8. Complete la siguiente oración.

    El guion multimedia debe incluir los siguientes elementos: título, _____, objetivos, contenido, elementos _____ y la interacción con el _____.

9. Mencione dos tipos de páginas web dinámicas y explique en qué se diferencian.

_____
_____
_____
_____

10. Explique brevemente las principales opciones de navegación que puedes encontrar en una página web.

_____
_____
_____
_____
_____
_____
_____

11. ¿Qué tipos de elementos debe incluir un prototipo multimedia para guiar la atención del usuario y mejorar la experiencia de navegación?

_____
_____

12. Determine si la siguiente oración es verdadera o falsa: "Una de las ventajas de las páginas web estáticas es que permiten la actualización de contenido en tiempo real". Justifique la respuesta.

    ☐ Verdadero
    ☐ Falso

13. Defina brevemente el concepto de "interfaz de usuario" en un prototipo multimedia. ¿Qué incluye?

_____
_____
_____
_____

14. Explique por qué es importante la valoración de la complejidad del prototipo en relación con el proyecto y qué factores influyen en esta valoración.

_____
_____
_____
_____
_____
_____
_____
_____

15. ¿Cuál es la importancia de la selección de los elementos que conforman un prototipo y cómo se determina qué elementos deben incluirse?

_____
_____
_____
_____
_____
_____
_____
_____

Capítulo 2
Herramientas de autor

Contenido

1. Introducción

En el campo de la creación de contenidos digitales, las herramientas de autor han demostrado ser esenciales para el desarrollo de prototipos multimedia, permitiendo a los diseñadores, educadores y creadores generar productos interactivos de alta calidad sin necesidad de conocimientos avanzados de programación. Estas herramientas facilitan la creación de materiales de diversa índole, como sitios web, recursos *e-learning* y otros tipos de contenidos multimedia a través de interfaces intuitivas y elementos predefinidos que optimizan el proceso creativo.

El uso de herramientas de autor no solo simplifica la creación de multimedia, sino que también permite una mayor flexibilidad en la personalización de los contenidos, adaptándolos a distintos públicos y plataformas. Además, en un entorno en constante evolución tecnológica, estas herramientas se han vuelto indispensables para garantizar la compatibilidad de los productos creados con diversos dispositivos y sistemas operativos, manteniendo una alta calidad y coherencia visual.

2. Definición de herramientas de autor

Las **herramientas de autor** son programas o aplicaciones informáticas que permiten a los usuarios crear, editar y organizar contenidos multimedia de forma sencilla, sin requerir conocimientos profundos de programación. Estas herramientas proporcionan funcionalidades prediseñadas que facilitan el desarrollo de proyectos interactivos, tales como presentaciones, simulaciones, aplicaciones, recursos *e-learning* o páginas web, entre otros.

 Nota

Entre sus ventajas, destacan la optimización del tiempo y esfuerzo en el proceso creativo, ya que eliminan la necesidad de programar desde cero, y la posibilidad de previsualizar los contenidos mientras se desarrollan.

2.1. Tipos de programas de autor

En líneas generales, las herramientas de autor pueden clasificarse según diversos criterios, dependiendo del enfoque o contexto en el que se utilicen o las funcionalidades que ofrecen.

Clasificación según el entorno de uso

Esta clasificación se basa en el tipo de área en la que se emplean las herramientas de autor, entre las que destacan los entornos educativos, los entornos editoriales y periodísticos, los entornos comerciales o los entornos multiplataforma. Se desarrollará esta clasificación en el punto 3 de este capítulo.

Clasificación según el tipo de contenido creado

Esta clasificación se basa en el tipo de contenido o aplicación que se puede desarrollar con las herramientas de autor.

Herramientas para creación multimedia

Permiten combinar texto, imágenes, vídeos, sonidos y animaciones para crear productos multimedia interactivos como presentaciones o demostraciones interactivas. Ejemplos son *Adobe Animate* o *Prezi*.

Herramientas para e-learning

Diseñadas para la creación de cursos y programas de formación en línea con la incorporación de elementos como cuestionarios o actividades interactivas, que facilitan el seguimiento del aprendizaje. Ejemplos son *Adobe Captivate* o *Moodle*.

Herramientas para desarrollo web

Permiten crear y gestionar sitios web sin necesidad de programar manualmente gracias a que incluyen plantillas predefinidas o gestores de contenido. Ejemplos son *WordPress* o *Joomla*.

Sabía que...

Además de estas, existen otras herramientas de autor para diferentes fines. Un ejemplo son las destinadas a la creación de videojuegos, que permiten crear experiencias interactivas sin codificar desde cero.

Actividades

1. Busque información e indique tres ejemplos de herramientas de autor para la creación de videojuegos.

Clasificación según el nivel de personalización y control

Esta clasificación se centra en el grado de control que ofrecen las herramientas de autor en términos de personalización del contenido.

Herramientas de autor con elementos predefinidos

Estas herramientas proporcionan plantillas y componentes predefinidos que facilitan el diseño rápido. Son usadas para proyectos en los que no se requiera un alto grado de personalización. Ejemplos son *Canva* o *Wix*.

Herramientas con editores manuales de código

Ofrecen un alto grado de personalización permitiendo a los usuarios escribir o editar el código manualmente, además de utilizar interfaces gráficas. Ejemplos son *Adobe Dreamweaver* o *Visual Studio Code*.

? **Sabía que...**

Las herramientas con editores manuales de código, como *Adobe Dreamweaver,* permiten a los usuarios trabajar directamente con código fuente de diversos lenguajes de programación o desarrollo web. Algunos son: *HTML, CSS, JavaScript, PHP* o *Python.*

Clasificación según el acceso y la distribución

Dependiendo de cómo se distribuyen y utilizan las herramientas de autor, pueden clasificarse tal y como se describe en los siguientes apartados.

Software propietario o de código cerrado

Son herramientas desarrolladas por empresas o instituciones que requieren una licencia o suscripción para su uso. Ejemplos son *Adobe Captivate, Articulate 360* o *Microsoft Windows.*

Software de código abierto

Estas herramientas están disponibles de forma gratuita y su código fuente puede ser modificado y personalizado. Ejemplos son *Moodle* o *GIMP.*

Herramientas basadas en la nube

Permiten a los usuarios trabajar de manera remota a través de un navegador web, almacenando los proyectos en la nube. Ejemplos son *Canva* o *Google Sites.*

Clasificación según el enfoque colaborativo

Las herramientas de autor pueden estar gestionadas por un solo usuario o varios.

Herramientas de autor individuales

Son programas diseñados para ser utilizados por una sola persona, perfectas para proyectos pequeños, aunque limitan la posibilidad de colaboración en tiempo real. Ejemplos son *Adobe Animate* o *Corel VideoStudio*.

Herramientas de autor colaborativas

Permiten que varios usuarios trabajen simultáneamente en un mismo proyecto, compartiendo tareas y progresos en tiempo real, lo que facilita el trabajo en equipo. Ejemplos son *Google Docs* o *Miro*.

 Actividades

2. ¿Qué tipo de herramienta sería útil para desarrollar un proyecto de gestión de *marketing?* ¿Qué herramientas serían útiles para llevarlo a cabo?

A modo de resumen, las herramientas de autor se pueden clasificar en:

Tipos de herramientas de autor	Clasificación según el entorno de uso	Entorno educativo
		Entorno editorial y periodístico
		Entorno comercial
		Entorno multiplataforma
	Clasificación según el tipo de contenido creado	Herramientas para la creación multimedia
		Herramientas para *e-learning*
		Herramientas para desarrollo web
	Clasificación según el nivel de personalización y control	Herramientas de autor con elementos predefinidos
		Herramientas con editores manuales de código
	Clasificación según el acceso y la distribución	*Software* propietario de código cerrado
		Software de código abierto
		Herramientas basadas en la nube
	Clasificación según el enfoque colaborativo	Herramientas de autor individuales
		Herramientas de autor colaborativas

 Aplicación práctica

Adobe Captivate es una herramienta de *software* diseñada para la creación de contenido interactivo, particularmente en el ámbito de la educación y la formación en línea.

Clasifíquela según los parámetros estudiados, justificando siempre su respuesta. Para ello responda a las siguientes preguntas:

Continúa en página siguiente >>

<< Viene de página anterior

1. Entorno de uso, ¿en qué área se utiliza principalmente?
2. Tipo de contenido creado, ¿qué tipo de contenido se puede crear?
3. Nivel de personalización y control, ¿ofrece control total sobre el diseño o utiliza elementos predefinidos?
4. Acceso y distribución, ¿es *software* propietario, de código abierto o basado en la nube?
5. Enfoque colaborativo, ¿es una herramienta individual o colaborativa?

SOLUCIÓN

1. Se utiliza principalmente en entornos educativos y corporativos para la creación de cursos *e-learning* o simulaciones interactivas.
2. Es una herramienta de autor para *e-learning,* utilizada para crear contenidos educativos multimedia.
3. Combina elementos predefinidos con opciones avanzadas de personalización. Aunque tiene plantillas para facilitar el diseño rápido, también permite ajustar configuraciones avanzadas como la edición de objetos o contenido multimedia.
4. Es un *software* propietario, lo que significa que requiere una licencia o suscripción para su uso.
5. Es principalmente una herramienta de autor individual, diseñada para ser utilizada por una sola persona, aunque permite compartir proyectos para revisión, pero no la colaboración en tiempo real.

2.2. Elementos predefinidos

Los **elementos predefinidos** en las herramientas de autor son componentes o recursos ya creados que están disponibles dentro de la herramienta para facilitar el proceso de desarrollo de contenidos multimedia e interactivos. Algunos son:

Elementos predefinidos

Plantillas	Componentes interactivos	Multimedia predefinida
Animaciones y transiciones	Formularios y cuestionarios	Botones y menús de navegación
Bloques de texto y formatos predefinidos	Cronogramas y líneas de tiempo	*Widgets* y complementos

Plantillas

Son modelos preestablecidos que proporcionan una estructura base para la creación de proyectos.

Por ejemplo, una plantilla para un curso *e-learning* podría incluir un diseño predefinido para el menú de navegación, diapositivas para el contenido y un esquema para insertar vídeos o cuestionarios.

Componentes interactivos

Estos son elementos diseñados para mejorar la interactividad del contenido. Incluyen botones, hipervínculos, menús desplegables y formularios interactivos.

Por ejemplo, un botón que permite al usuario avanzar a la siguiente página o un cuestionario interactivo que califica automáticamente las respuestas.

Multimedia predefinida

Se refiere a los recursos multimedia, como imágenes, vídeos, sonidos o gráficos que vienen incluidos en la herramienta de autor.

Por ejemplo, una biblioteca de imágenes de fondo, clips de sonido o vídeos tutoriales que el usuario puede insertar en su proyecto sin necesidad de crear o buscar esos recursos por separado.

Animaciones y transiciones

Las herramientas de autor a menudo incluyen animaciones y transiciones predefinidas que pueden aplicarse a los elementos del proyecto, como texto, imágenes o diapositivas.

Por ejemplo, un efecto de **desvanecimiento** en una presentación de diapositivas o una animación en la que un objeto se mueve de un lado a otro de la pantalla.

Formularios y cuestionarios

Los formularios y cuestionarios predefinidos son plantillas listas para usar que permiten a los usuarios crear evaluaciones o recopilar datos de los usuarios de forma interactiva.

Por ejemplo, un cuestionario de autoevaluación con respuestas de opción múltiple que se califica automáticamente dentro del contenido *e-learning*.

Botones y menús de navegación

Son elementos interactivos que permiten al usuario desplazarse por el contenido o interactuar con él.

Por ejemplo, botones de **siguiente** y **anterior** en un curso *e-learning* o un menú desplegable en una página web.

Bloques de texto y formatos predefinidos

Los bloques de texto son áreas de contenido con estilos y formatos ya establecidos. Los formatos predefinidos incluyen títulos, párrafos, listas y citas, con tipografías y colores ya seleccionados para mantener la coherencia visual.

Por ejemplo, un bloque de texto ya diseñado puede servir como introducción o párrafo de resumen en una presentación.

Cronogramas y líneas de tiempo

Algunas herramientas de autor, especialmente aquellas usadas para creación multimedia y animación, incluyen cronogramas predefinidos que ayudan a organizar los eventos, las transiciones y los efectos en un tiempo determinado, facilitando la sincronización de elementos multimedia.

Por ejemplo, un cronograma en un programa de animación como *Adobe Animate,* que permite programar cuándo aparecerán y desaparecerán los elementos de una escena.

Widgets y complementos

Los *widgets* son pequeños módulos interactivos que pueden integrarse fácilmente en el contenido. Pueden incluir calculadoras, reproductores de vídeo, cronómetros o galerías de imágenes, entre otros.

Por ejemplo, un *widget* que muestra una cuenta atrás en un evento o un reproductor de audio para insertar pódcast dentro de un curso *online.*

 Actividades

3. ¿Cree que el uso de elementos predefinidos en las herramientas de autor reduce los errores? ¿Por qué?

2.3. Editor manual de código

El **editor manual de código** en las herramientas de autor es una funcionalidad que permite a los usuarios acceder y modificar el código subyacente (como HTML, CSS, *JavaScript,* entre otros lenguajes de programación) de los proyectos que están creando.

```
1  <!doctype html>
2  <html style="height:100%" lang="es">
3  <head>
4
5    <!-- Google Tag Manager -->
6  <script>(function(w,d,s,l,i){w[l]=w[l]||[];w[l].push({'gtm.start':
7  new Date().getTime(),event:'gtm.js'});var f=d.getElementsByTagName(s)[0],
8  j=d.createElement(s),dl=l!='dataLayer'?'&l='+l:'';j.async=true;j.src=
9  'https://www.googletagmanager.com/gtm.js?id='+i+dl+'';f.parentNode.insertBefore(j,f);
10  })(window,document,'script','dataLayer','GTM-KQR6BN2');</script>
11  <!-- End Google Tag Manager -->
12    <title>BlinkLearning | Plataforma educativa digital</title><meta name="description" content="En BlinkLearning adaptamos y distribuimos contenidos educativos digitales de más de 100
13    <meta http-equiv="Content-Type" content="text/html; charset=utf-8"/>
14    <meta name="viewport" content="width=device-width, initial-scale=1.0, user-scalable=1, maximum-scale=5"/>
15    <script>
16  var _rollbarConfig = {
17    accessToken: "be33aaf59b8f4dc3bae70ef6b3e1b46f",
18    captureUncaught: true,
19    captureUnhandledRejections: true,
20    payload: {
21      environment: "prod",
22      person: {id: -1}
23    }
24  };
25  };
26  // Rollbar Snippet
27  !function(r){var e={};function o(n){if(e[n])return e[n].exports;var t=e[n]={i:n,l:!1,exports:{}};return r[n].call(t.exports,t,t.exports,o),t.l=!0,t.exports}o.m=r,o.c=e,o.d=function(r,e
28  // End Rollbar Snippet
29  </script>
30
31    <script src="/themes/responsive/assets/js/tracker/02.functions.override.js?gestioneu00000219001"></script>
32  <script src="/themes/responsive/assets/js/tracker/03.manager.event.js?gestioneu00000219001"></script>
33  <script src="/themes/responsive/assets/js/tracker/03.manager.localstorage.js?gestioneu00000219001"></script>
34  <script src="/themes/responsive/assets/js/tracker/03.manager.tracker.js?gestioneu00000219001"></script>
```

Ejemplo de código HTML de una página web educativa

 **Definición**

Código de una web

Conjunto de instrucciones y elementos escritos en diferentes lenguajes de programación que definen cómo debe estructurarse, presentarse y funcionar un sitio web en un navegador. Este código incluye tanto el contenido visible por los usuarios (texto, imágenes, vídeos, etc.) como las funcionalidades internas (botones, formularios interactivos, bases de datos, etc.) que hacen que el sitio sea interactivo y dinámico.

Actividades

4. Busque información y responda brevemente a la siguiente pregunta: ¿cómo funciona el código de una web?

Características principales del editor manual de código

Las características principales del editor manual de código son:

- El editor de código permite a los usuarios ver y modificar directamente el código fuente de su proyecto.
- Los usuarios pueden escribir código desde cero o editar el generado automáticamente por la herramienta para ajustar detalles específicos de diseño o funcionalidad.
- Sirve de soporte para varios lenguajes de programación como HTML, CSS, *JavaScript,* PHP o *Python.*
- Permite a los usuarios más avanzados ajustar el contenido o las funciones de manera más precisa.
- Contiene funcionalidades para detectar errores de sintaxis, resaltar el código con diferentes colores y, en algunos casos, integrar herramientas para solucionar problemas en el código.

Ejemplo

Ejemplos de uso del editor manual de código, serían:

- Personalización avanzada de estilos.
- Añadir *scripts* personalizados.
- Integración con servicios externos como API (Interfaces de programación de aplicaciones).
- Optimización del código para que sea más eficiente.

Actividades

5. Las API permiten extender la funcionalidad de estas herramientas, integrarlas con otros sistemas o personalizarlas según necesidades específicas. Busque información e indique un ejemplo de cómo se usaría una API para una plataforma *e-learning*.

Herramientas de autor con editores manuales de código

Algunas de las herramientas más usadas son:

- **Adobe Dreamweaver:** es una herramienta que permite diseñar páginas web mediante una interfaz gráfica, pero también ofrece un editor de código para que los usuarios puedan personalizar sus sitios manualmente.
- **WordPress:** con el uso de *plugins* o en modo HTML tiene la opción de modificar el HTML, CSS o PHP directamente.
- **Articulate Storyline:** aunque está orientada a la creación de cursos *e-learning* con una interfaz visual, permite a los usuarios introducir código *JavaScript* personalizado para añadir funcionalidades adicionales.

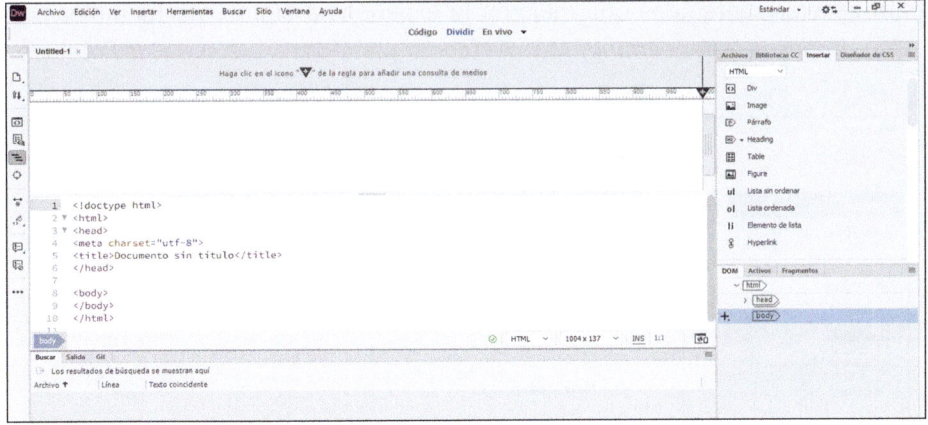

Pantalla principal con el panel de trabajo de Adobe Dreamweaver

Definición

Plugin
Es un componente de *software* que se añade a un programa o plataforma principal para proporcionar funcionalidades adicionales.

3. Clasificación de las herramientas de autor

Antes se mencionaron los diferentes tipos de herramientas de autor clasificadas según diferentes enfoques. Puesto que la clasificación según el entorno o contexto de uso es la más usada para hablar de estas herramientas, este enfoque se va a desarrollar detalladamente a continuación.

3.1. Entorno educativo: *Neobook, Jclic...*

Las herramientas de autor en el ámbito educativo están diseñadas para facilitar la creación de recursos didácticos, actividades interactivas y materiales de aprendizaje. Son utilizadas por profesores y diseñadores instruccionales para generar contenidos que mejoren la experiencia educativa. Ejemplos son *JClic, Neobook, eXeLearning, Moodle* (como plataforma LMS) o *Hot Potatoes.*

Panel principal de un curso e-learning generado en Moodle

3.2. Entorno editorial y periodístico: Herramientas propietarias, CMS (*Content Manager Systems*)

Estas herramientas se utilizan en la creación, gestión y distribución de contenidos digitales, especialmente en medios de comunicación, revistas, blogs o editoriales. Facilitan la edición y organización de textos, imágenes y vídeos, así como la publicación en sitios web o plataformas digitales. Ejemplos son *WordPress, Drupal, Scribus* o *Joomla.*

Herramientas propietarias

Las plataformas de *software* propietario son desarrolladas por empresas, con licencias restringidas y acceso limitado al código fuente. Ofrecen soluciones, personalización y soporte técnico, pero suelen ser más costosas y menos flexibles. Ejemplos incluyen *Adobe InDesign* y sistemas de gestión de noticias.

CMS *(Content Manager Systems)*

Los CMS son sistemas que facilitan la creación, edición y gestión de contenido digital sin requerir conocimientos técnicos avanzados. Ofrecen una interfaz gráfica amigable y pueden ser propietarias o de código abierto. Ejemplos son *WordPress, Drupal* y *Joomla.*

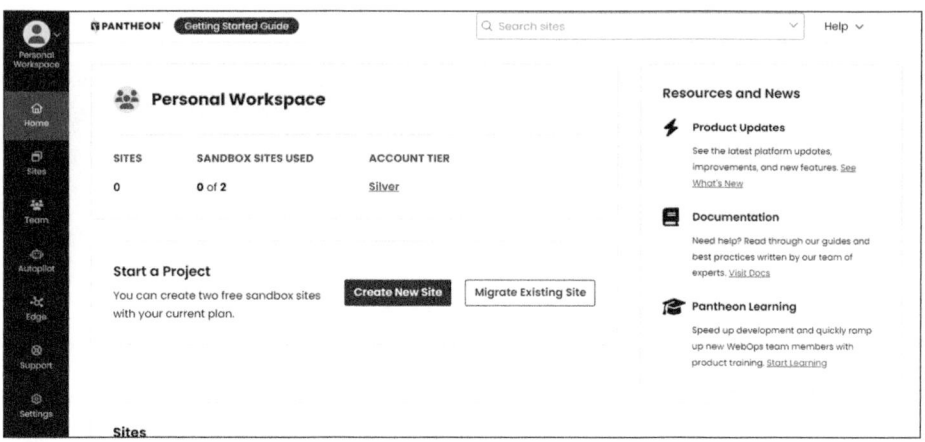

Panel principal de Joomla

Actividades

1. Para desarrollar un portal de noticias con múltiples recursos, ¿qué CMS usaría, *Wordpress* o *Joomla?* Busque más información y justifique su respuesta.

3.3. Herramientas genéricas: de creación multimedia, creación de páginas web, autoría *e-learning*, ...

Las **herramientas de autor genéricas** son plataformas de *software* diseñadas para permitir a los usuarios crear contenido multimedia e interactivo sin necesidad de tener conocimientos técnicos avanzados de programación.

Entorno de creación multimedia

Estas herramientas se centran en la creación de contenido audiovisual y multimedia para la industria del entretenimiento, incluyendo cine, televisión, videojuegos y experiencias interactivas. Su objetivo es permitir la producción de contenido inmersivo, con audio, vídeo, gráficos y animaciones. Algunos ejemplos son *Adobe Premiere, Unity* o *Blender.*

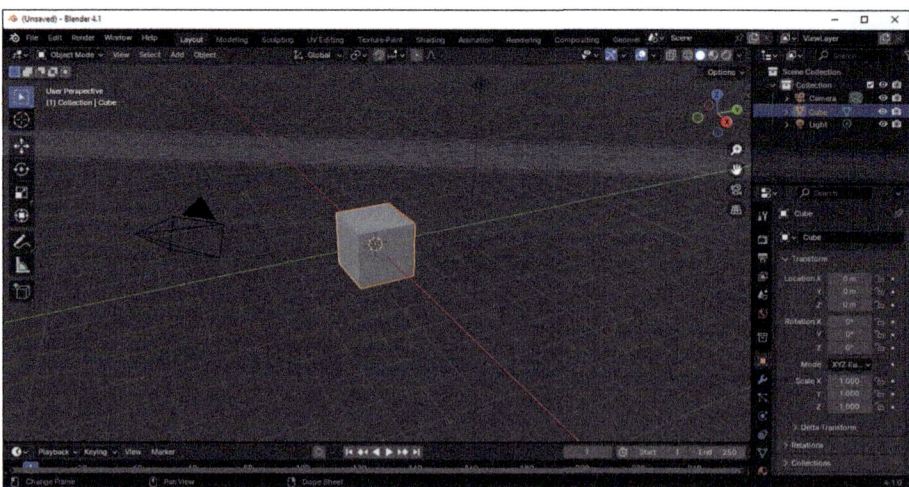

Panel de trabajo de Blender

Entorno de creación de páginas web

Estas herramientas se enfocan en la creación y gestión de sitios web y están diseñadas tanto para profesionales como para usuarios sin conocimientos avanzados de programación. Suelen ofrecer plantillas y sistemas de gestión de contenido para facilitar el diseño de sitios web funcionales y atractivos. Algunos ejemplos son *WordPress, Wix* o *Dreamweaver.*

Entorno de autoría *e-learning*

Estas herramientas están específicamente diseñadas para la creación de contenidos formativos en línea. Se utilizan para desarrollar cursos, módulos interactivos y evaluaciones que se distribuyen a través de plataformas *e-learning* o sistemas de gestión del aprendizaje (LMS). Algunos ejemplos son *Articulate Storyline, Adobe Captivate, Lectora* o *Moodle.*

Entorno de colaboración y comunicación

Estas herramientas facilitan la interacción y el trabajo en equipo en la creación de contenido. Algunos ejemplos incluyen plataformas como *Google Workspace (Docs, Sheets)* y *Microsoft Teams,* que permiten la colaboración en tiempo real.

3.4. Entorno comercial (CMS)

En el entorno comercial, las herramientas de autor se utilizan para crear contenido enfocado en el marketing, la publicidad y el comercio electrónico. Permiten a las empresas generar páginas web corporativas, tiendas en línea y contenido multimedia para campañas publicitarias o promocionales. Ejemplos son *Shopify, Magento* o *Wix.*

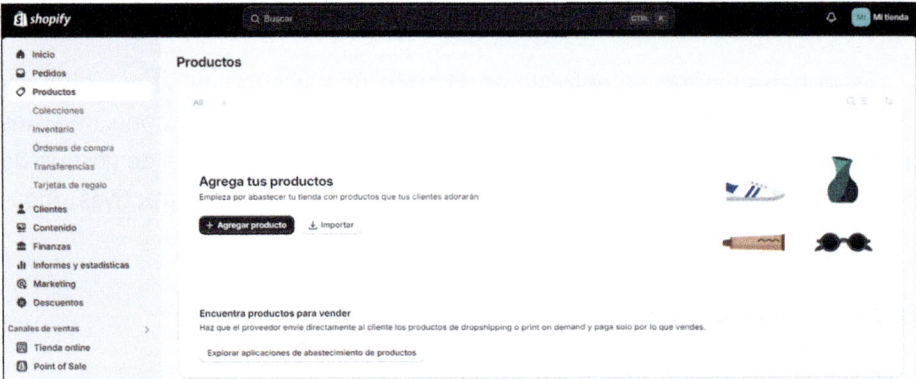

Panel principal de Shopify

En los entornos comerciales se suele hacer uso de CMS para crear, editar y administrar sitios web o plataformas en línea sin necesidad de tener conocimientos avanzados de programación. Los usos principales de estos CMS son la gestión de plataformas de comercio electrónico, el marketing de contenidos o la optimización de SEO.

Definición

SEO *(Search Engine Optimization)*
SEO o Optimización para motores de búsqueda, es el conjunto de estrategias y técnicas utilizadas para mejorar la visibilidad y posicionamiento de un sitio web en los resultados no pagados de los motores de búsqueda.

 **Aplicación práctica**

La correcta redacción de un artículo es indispensable para lograr la optimización SEO. Redacte un artículo para publicar con *Wordpress* de entre 160 a 200 palabras sobre el tema: "Cómo mejorar la productividad en el trabajo remoto". Debe incluir la redacción del artículo y los siguientes elementos clave de la optimización SEO:

I Palabra clave principal.
I Título SEO (máximo 60 caracteres). Debe incluir una palabra clave.
I Metadescripción (140-160 caracteres) que resuma el contenido del artículo.
I Encabezados con un subtítulo (H2) con la palabra clave.
I Enlaces internos y externos: incluye un enlace interno a otra página ficticia y un enlace externo a una fuente confiable sobre el tema.

Además, a la hora de realizar la redacción debe tener en cuenta el uso de palabras clave variadas y el uso de párrafos cortos de unas 2 – 4 oraciones para facilitar la lectura.

SOLUCIÓN (Posible solución)

Redacción para SEO

Cómo mejorar la productividad en el trabajo remoto

El trabajo remoto se ha convertido en una realidad para muchas personas en los últimos años. Sin embargo, una de las mayores dificultades a las que se enfrentan los empleados es mantener la productividad en el trabajo remoto. A continuación, compartimos algunos consejos para mejorar la eficiencia cuando trabajas desde casa.

1. Organiza tu espacio de trabajo

Tener un espacio de trabajo adecuado es fundamental para mejorar la productividad en el teletrabajo. Un escritorio ordenado y bien iluminado puede ayudarte a concentrarte mejor y evitar distracciones.

2. Establece una rutina

Trabajar desde casa puede hacer que las personas se sientan desorganizadas. Estudios recientes, como los publicados por *Harvard Business Review,* indican que tener horarios bien definidos aumenta la productividad en el teletrabajo.

Continúa en página siguiente >>

<< Viene de página anterior

3. Usa herramientas tecnológicas

Existen múltiples herramientas tecnológicas que pueden ayudarte a gestionar tu tiempo de manera eficiente. Utiliza aplicaciones de gestión de tareas, como *Trello* o *Asana.*

En conclusión, mejorar la productividad en el trabajo remoto depende de la capacidad de organizarse, establecer hábitos saludables y aprovechar las herramientas tecnológicas disponibles.

Elementos de la optimización

▪ Palabra clave principal: "Productividad en el trabajo remoto".
▪ Título SEO: Cómo mejorar la productividad en el trabajo remoto.
▪ Meta descripción: "Descubre cómo mejorar la productividad en el trabajo remoto con consejos sobre organización, rutinas diarias y herramientas tecnológicas".
▪ Encabezado H2: Utilizado en "Organiza tu espacio de trabajo" y "Establece una rutina".
▪ Enlace interno: A la página ficticia de "Consejos para organizar tu espacio de trabajo".
▪ Enlace externo: A una fuente confiable, en este caso Harvard Business Review.

3.5. Multiplataforma

Las **herramientas multiplataforma** permiten la creación de contenido que puede ser distribuido y visualizado en distintos dispositivos y plataformas como ordenadores, *smartphones,* tabletas, y consolas. Son esenciales para garantizar la interoperabilidad en un ecosistema digital diverso. Están diseñadas para crear aplicaciones o contenido que sea accesible en diferentes sistemas operativos *(Windows, macOS, Android, iOS)* y dispositivos (PC, tabletas, móviles). Ejemplos son: *Unity, Adobe AIR* o *Xamarin.*

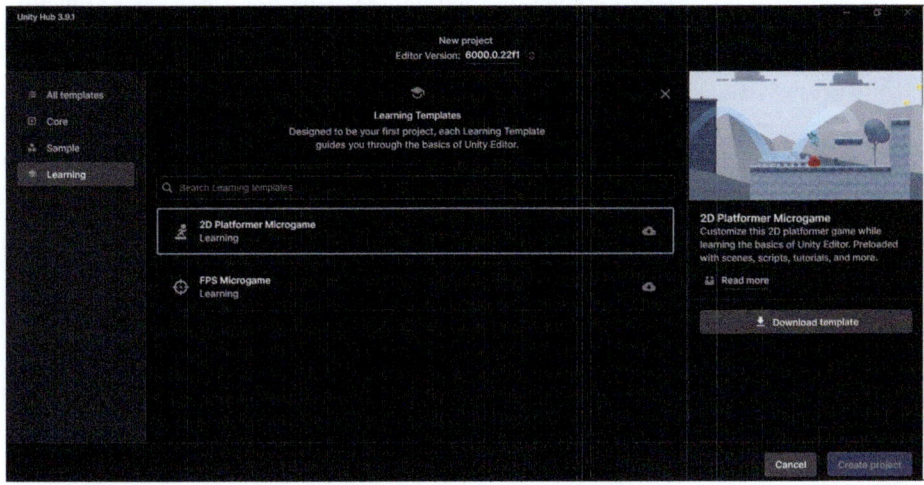

Panel principal de Unity

4. Utilización de diferentes herramientas de autor existentes

Al utilizar diferentes herramientas de autor para la creación de contenido multimedia, educativo, web o interactivo, es esencial tener en cuenta varios aspectos para asegurar que el proceso de desarrollo sea eficiente, el contenido sea compatible y de alta calidad y el resultado final cumpla con los objetivos del proyecto. A continuación, se detallan los puntos clave que se deben considerar al utilizar estas herramientas.

4.1. Requisitos de *hardware/software*

Es importante verificar que el equipo *(hardware)* y el sistema operativo *(software)* donde se utilizarán las herramientas cumplan con los requisitos necesarios para garantizar un funcionamiento óptimo.

Hardware

Hardware se refiere a las partes físicas y tangibles de un sistema informático. Son los componentes electrónicos, mecánicos y periféricos que componen un ordenador o cualquier dispositivo tecnológico. Hay dos tipos de *hardware*, el interno y el externo:

Interno

Son los componentes como la CPU, la memoria RAM, la placa base y los discos duros o SSD, que están dentro del ordenador.

Externo

Son periféricos como teclados, monitores, impresoras y dispositivos de almacenamiento externos (USB), que se conectan al equipo pero no están integrados físicamente en él.

Es fundamental asegurarse de que el equipo cuente con suficiente memoria RAM, procesador adecuado y espacio en disco.

 Actividades

7. ¿Qué es la CPU? ¿Qué función tiene?

Software

El **software** se refiere a los programas y aplicaciones que se ejecutan en el *hardware* de un sistema informático. Es el conjunto de instrucciones y datos que indican al *hardware* qué debe hacer. A continuación, se exponen los elementos que forman parte del *software*.

Software de sistema

Es el *software* básico que permite que el *hardware* funcione y se gestione. Incluye:

- **Sistema operativo:** administra los recursos del *hardware* y permite que el usuario interactúe con el PC. Por ejemplo, *Windows* o *Android*.
- **Controladores o *drivers*:** programas que permiten que el sistema operativo se comunique con el *hardware* específico, como impresoras, tarjetas gráficas, etc.
- **BIOS/UEFI:** programas básicos que inicializan el *hardware* cuando se enciende el PC y permiten que el sistema operativo se cargue.

Software de aplicación

Son los programas diseñados para realizar tareas específicas para los usuarios. Destacan:

- **Aplicaciones ofimáticas** como *Microsoft Word* o *Excel,* que permiten crear documentos, hojas de cálculo, etc.
- **Navegadores web** como *Google Chrome,* para acceder a internet.

Navegadores web más utilizados

Chrome　Safari　Firefox　Edge　Opera　Yandex　Tor　Vivaldi

- **Programas de diseño** como *Photoshop* o *AutoCAD,* para diseño gráfico o CAD (Diseño asistido por ordenador).
- **Juegos:** *software* de entretenimiento para jugar a videojuegos.

Software de desarrollo

Son las herramientas y aplicaciones utilizadas para crear *software*. Destacan:

- **Entornos de desarrollo integrados (IDE)** como *Visual Studio* o *Eclipse*, utilizados por los programadores para escribir código.
- **Compiladores:** herramientas que convierten el código fuente escrito por los programadores en código que las máquinas pueden ejecutar.

Como requisitos hay que tener en cuenta algunas herramientas que son específicas para ciertos sistemas operativos *(Windows, macOS, Linux)*. Además, es importante considerar la compatibilidad con versiones actualizadas del sistema operativo, así como la necesidad de instalar *software* adicional como *plugins,* controladores o reproductores.

4.2. *Players* y actualizaciones

El contenido creado con herramientas de autor a menudo requiere reproductores o ***players*** específicos para que funcione correctamente en los dispositivos de los usuarios finales.

 Definición

Player
Software o aplicación que permite reproducir contenido multimedia, como audio, vídeo o animaciones. Los hay de audio, vídeo, *players web* o de *streaming*.

Algunos formatos multimedia o interactivos, como *Flash* en el pasado, requerían que los usuarios instalaran un reproductor específico. Hoy en día, con tecnologías como HTML5, muchas herramientas crean contenido que puede reproducirse directamente en el navegador, sin necesidad de *software* adicional.

Ejemplo de un reproductor de vídeo básico que utiliza la etiqueta <video> de HTML5

```
<!DOCTYPE html>
<html lang="es">
<head>
<meta charset="UTF-8">
<meta name="viewport" content="width=device-width,
initial-scale=1.0">
<title>Player de Video</title>
</head>
<body>
<h2>Reproductor de Video HTML5</h2>
<video width="640" height="360" controls>
<source src="video.mp4" type="video/mp4">
<source src="video.ogg" type="video/ogg">
</video>
</body>
</html>
```

 Actividades

8. Busque información e indique algunos ejemplos de *players* que usa en su ordenador.

Las herramientas de autor suelen actualizarse regularmente, tanto para corregir errores como para añadir nuevas funcionalidades. Es importante estar al día con estas actualizaciones para garantizar la compatibilidad con nuevos dispositivos y plataformas, además de garantizar la seguridad.

4.3. Publicación de contenidos y compatibilidad

Para la publicación del contenido creado es esencial asegurarse de que el contenido sea compatible con las plataformas y dispositivos de destino. Para ello se deberán tener en cuenta los aspectos que se describen a continuación.

Formatos de exportación

Se deben verificar qué formatos de salida ofrece la herramienta de autor. Por ejemplo, en el caso de las herramientas de creación *e-learning,* es común exportar en formatos compatibles con LMS *(Learning Management System)* como SCORM. Para contenido multimedia, puede ser necesario exportar en formatos de vídeo (MP4), HTML5 para web, o incluso aplicaciones móviles.

 Nota

SCORM *(Sharable Content Object Reference Model)* es un conjunto de estándares y especificaciones técnicas utilizado en la creación y distribución de contenido de *e-learning.*

Compatibilidad con dispositivos

Es importante asegurarse de que el contenido sea compatible con diferentes dispositivos y sistemas operativos (ordenadores, tabletas o *smartphones).*

Distribución en plataformas

Algunas herramientas permiten la publicación directa en plataformas específicas, como redes sociales, plataformas educativas *(Moodle),* tiendas de aplicaciones *(Google Play, App Store)* o servicios web. Es necesario conocer los requisitos de estas plataformas para asegurar la correcta publicación.

4.4. Dispositivos y plataformas de destino

Antes de comenzar a crear contenido, es fundamental tener en mente los dispositivos y plataformas donde se va a distribuir y visualizar dicho contenido. Para su elección, se deberá tener en cuenta lo siguiente:

Adaptabilidad a diferentes dispositivos

El contenido multimedia y las aplicaciones deben ser accesibles en una variedad de dispositivos como PC, tabletas, y *smartphones.*

Compatibilidad con navegadores web

Si el contenido será distribuido a través de la web, es esencial asegurarse de que funcione correctamente en los navegadores más utilizados *(Google Chrome, Safari, Firefox, Microsoft Edge).*

Plataformas específicas

Dependiendo del tipo de contenido, puede ser necesario adaptarlo a plataformas específicas, como sistemas de gestión de aprendizaje (LMS), plataformas de comercio electrónico, o tiendas de aplicaciones móviles. En estos casos, es importante asegurarse de que la herramienta de autor pueda exportar contenido compatible con estas plataformas.

Curva de aprendizaje

No todas las herramientas de autor son igual de fáciles de aprender y usar. Algunas pueden requerir un conocimiento técnico avanzado, mientras que otras están diseñadas para ser accesibles incluso para usuarios principiantes.

Facilidad de uso

Si se está buscando una herramienta para un equipo con distintos niveles de experiencia, es conveniente optar por herramientas que ofrezcan interfaces intuitivas, tutoriales y recursos de ayuda.

Capacitación y soporte

Es importante evaluar si la herramienta ofrece soporte técnico y recursos de capacitación como manuales, videotutoriales, foros de usuarios, o asistencia en línea.

Continúa en página siguiente >>

<< Viene de página anterior

Licencias y costes

Otro factor fundamental a considerar es el modelo de licencia y los costes asociados con el uso de una herramienta de autor.

Objetivos y alcance del proyecto

Es esencial alinear las características y capacidades de la herramienta con los objetivos específicos del proyecto.

Tipo de contenido

Dependiendo de si se trata de un proyecto educativo, comercial, multimedia o de desarrollo web, se necesitarán herramientas con características específicas para ese propósito.

Tamaño del proyecto

Algunas herramientas están diseñadas para manejar proyectos pequeños o individuales, mientras que otras están preparadas para proyectos más grandes y colaborativos.

 Sabía que...

Existen diferentes tipos de licencias:

- *Software* **propietario:** requiere una compra única o suscripción mensual/anual para usar la herramienta.
- *Software* **de código abierto:** estas herramientas son generalmente gratuitas, pero pueden requerir más conocimientos técnicos o soporte adicional para configurar y mantener.
- **Modelo SaaS** *(Software* como Servicio): algunas herramientas de autor están basadas en la nube y se accede a ellas mediante una suscripción mensual.

Aplicación práctica

Una empresa multinacional necesita crear un curso de capacitación para el personal de diferentes países. El curso incluirá contenido multimedia y evaluaciones interactivas y estará disponible en diferentes dispositivos y plataformas para garantizar el acceso de todo el personal. Para ello, se usará la herramienta *Articulate 360*. Justifique por qué *Articulate 360* será útil teniendo en cuenta los requisitos que se mencionan:

a. Adaptabilidad a diferentes dispositivos: usando *Articulate 360,* se puede crear contenido que se adapte automáticamente a diferentes tamaños de pantalla.
b. Compatibilidad con navegadores web: *Articulate 360* exporta el contenido en HTML5, asegurando una amplia compatibilidad con todos los navegadores.
c. Plataformas específicas: *Articulate 360* soporta SCORM.
d. Curva de aprendizaje: *Articulate 360* ofrece una interfaz fácil y plantillas predefinidas.
e. Facilidad de uso: *Articulate 360* proporciona un entorno de creación intuitivo y fácil.
f. Capacitación y soporte: *Articulate 360* ofrece recursos de capacitación como tutoriales en vídeo, manuales, y una comunidad activa de usuarios.
g. Licencias y costes: *Articulate 360* se ofrece bajo un modelo de suscripción.
h. Objetivos y alcance del proyecto: *Articulate 360* se alinea con los objetivos del proyecto, ya que es interactiva y se puede usar de forma simultánea desde diferentes puntos.
i. Tipo de contenido: *Articulate 360* ofrece características diseñadas específicamente para proyectos educativos.
j. Tamaño del proyecto: *Articulate 360* permite la colaboración en línea, donde varios miembros del equipo pueden acceder al mismo proyecto.

SOLUCIÓN

a. Adaptabilidad a diferentes dispositivos: el curso será accesible en PC, tabletas y *smartphones.*
b. Compatibilidad con navegadores web: dado que el curso será distribuido a través de la web, es básico que funcione correctamente en los navegadores más comunes. Algo que permite el programa.
c. Plataformas específicas: el contenido es compatible con estándares como SCORM, lo que permitirá que se use un LMS.
d. Curva de aprendizaje: permite a los usuarios sin conocimientos técnicos crear contenido interactivo, reduciendo la curva de aprendizaje.
e. Facilidad de uso: la herramienta permitirá que la usen usuarios con distintos niveles.
f. Capacitación y soporte: el programa permite la creación de cursos de uso que permiten la adaptación y el soporte a los usuarios.

Continúa en página siguiente >>

<< Viene de página anterior

g. Licencias y costes: la empresa pagará una cuota anual o mensual por el programa.
h. Objetivos y alcance del proyecto: el objetivo del proyecto es capacitar a empleados de diversas ubicaciones geográficas.
i. Tipo de contenido: el contenido es educativo, centrado en la capacitación corporativa, por lo que el programa es muy útil.
j. Tamaño del proyecto: el proyecto es grande y colaborativo, con múltiples equipos de diferentes países.

5. Resumen

Las herramientas de autor han demostrado ser fundamentales en la creación de contenidos digitales interactivos, permitiendo a los usuarios diseñar materiales de alta calidad sin necesidad de dominar la programación. Estas herramientas han simplificado la creación de diversos tipos de productos multimedia, como presentaciones, simulaciones, sitios web y cursos *e-learning,* ofreciendo un entorno accesible y fácil de usar.

Existen múltiples formas de clasificar las herramientas de autor. Se pueden diferenciar según el entorno de uso, como en los sectores educativos, comerciales o editoriales, o según el tipo de contenido que permiten crear, como multimedia, recursos web o contenidos de *e-learning.* Además, algunas herramientas ofrecen un alto grado de personalización, mientras que otras proporcionan plantillas y elementos predefinidos para facilitar el desarrollo rápido de proyectos. También se pueden clasificar según su capacidad de soportar proyectos individuales o colaborativos.

Un aspecto importante es la elección adecuada de la herramienta en función de los requisitos técnicos. Es fundamental considerar el *hardware* y el *software* necesarios, así como la compatibilidad con los dispositivos y plataformas donde se distribuirán los contenidos. Además, la actualización constante de estas herramientas garantiza que los productos creados se mantengan operativos y funcionales en diferentes entornos tecnológicos.

Por último, el uso de elementos predefinidos, como plantillas y componentes interactivos, facilita la creación rápida de contenidos, mientras que la posibilidad de usar un editor manual de código ofrece mayor flexibilidad a los usuarios avanzados. Esto permite que se puedan personalizar los proyectos y agregar funcionalidades específicas que mejoren la experiencia del usuario final.

Ejercicios de repaso y autoevaluación

1. ¿Qué son las herramientas de autor?

_____
_____
_____
_____

2. Complete la siguiente oración:

Las herramientas de autor permiten crear, editar y organizar contenidos _____ de forma sencilla, sin requerir conocimientos profundos de _____.

3. Indique si las siguientes oraciones son verdaderas o falsas. Justifique la respuesta.

    a. Las herramientas de autor son utilizadas principalmente para el desarrollo de videojuegos.

        ☐ Verdadero
        ☐ Falso

    b. Adobe Captivate es un software de código abierto.

        ☐ Verdadero
        ☐ Falso

4. Relacione cada herramienta de autor con su aplicación:

    a. *Adobe Animate*
    b. *Moodle*
    c. *WordPress*

    __ Creación de sitios web
    __ Creación multimedia
    __ *E-learning*

5. Enumere tres tipos de herramientas de autor según el tipo de contenido que crean.

_____
_____
_____
_____

6. Clasifique las siguientes herramientas según su tipo de distribución: *Adobe Captivate*, *Moodle* y *Google Sites*.

_____
_____
_____
_____

7. ¿Cómo se denomina a la línea del tiempo para organizar eventos?

_____
_____

8. Defina qué son las herramientas de autor colaborativas.

_____
_____

9. ¿Cuál de las siguientes es una herramienta con editores de código?

    a. *Wix*
    b. *Visual Studio Code*

10. ¿Qué es una API en el contexto de las herramientas de autor?

_____
_____

11. A continuación se presenta una lista de componentes y herramientas. Clasifique cada uno en la columna correspondiente, ya sea *software* o *hardware:* Procesador (CPU), Sistema operativo *(Windows, Linux),* Tarjeta gráfica, *Microsoft Word,* Teclado, *Adobe Photoshop,* Memoria RAM, *Google Chrome,* Monitor, BIOS.

Software	*Hardware*

12. Explique por qué las herramientas de autor son esenciales para el desarrollo de contenidos multimedia sin necesidad de poseer conocimientos avanzados de programación.

13. Describa cómo las herramientas de autor ayudan a garantizar la compatibilidad de los contenidos en diferentes dispositivos.

14. Explique las diferencias entre las herramientas de autor colaborativas e individuales.

_____
_____
_____
_____

15. Describa cómo las herramientas de autor con editores de código manual ofrecen mayor personalización.

_____
_____
_____
_____

Capítulo 3

Lenguajes de marcado, de presentación y de guiones

Contenido

1. Introducción

En el ámbito de los prototipos de productos editoriales multimedia, los lenguajes de marcado, de presentación y de guiones desempeñan roles fundamentales en la estructuración y visualización de la información. Cada uno cumple una función específica que contribuye a la creación y desarrollo de contenido interactivo y visualmente atractivo.

En conjunto, estos lenguajes trabajan de forma cooperativa para crear prototipos de productos editoriales multimedia que no solo presentan información de manera clara y estructurada (lenguajes de marcado), sino que también la hacen atractiva visualmente (lenguajes de presentación) y funcionalmente rica en interacción (lenguajes de guiones). Esta combinación adecuada es básica para el desarrollo efectivo y la innovación continua en el campo de los medios digitales y la comunicación visual.

2. Definición de lenguajes de marcado, de presentación y de guiones

Los lenguajes de marcado, de presentación y de guiones son fundamentales en la creación y desarrollo de productos editoriales multimedia, asegurando que la información sea accesible, clara e interactiva.

2.1. Tipos de lenguajes

Los tipos de lenguajes utilizados en el desarrollo de productos multimedia varían básicamente según el tipo de contenido, la interacción que se desea lograr y su estructura o sintaxis.

Lenguajes de marcado

Los **lenguajes de marcado** son sistemas que utilizan una serie de etiquetas o marcadores para definir la estructura y la organización del contenido en documentos digitales. Estas **etiquetas** indican cómo se debe interpretar y mostrar el texto, imágenes y otros elementos dentro de un documento.

Ejemplo

Un ejemplo de lenguaje de marcado sería el **HTML** *(HyperText Markup Language)*, utilizado para estructurar contenido en la web.

Lenguajes de presentación

Los **lenguajes de presentación** se centran en el diseño y la apariencia visual del contenido definido por los lenguajes de marcado. Estos lenguajes permiten especificar características como el estilo, el color, la tipografía y la disposición de los elementos en la interfaz.

Ejemplo

Un ejemplo destacado es **CSS** *(Cascading Style Sheets)*, utilizado para aplicar estilos a documentos HTML, permitiendo la creación de diseños atractivos y responsivos.

Lenguajes de guiones

Los **lenguajes de guiones** son utilizados para añadir interactividad y funcionalidades dinámicas a los documentos y aplicaciones. A través de estos lenguajes, se pueden programar comportamientos específicos que responden a las acciones del usuario, como clics o desplazamientos.

Ejemplo

Un ejemplo destacado es *JavaScript,* un lenguaje de programación que permite la manipulación del contenido HTML y CSS en tiempo real, facilitando la creación de aplicaciones web dinámicas y animaciones.

Actividades

1. Para la creación de juegos web, ¿qué lenguaje de los mencionados usaría? Justifique su respuesta.

2.2. Presentación: HTML, CSS

Como se ha visto, los lenguajes de presentación son utilizados para definir cómo se visualizan los contenidos en diversas plataformas, especialmente en la web. De entre ellos destacan HTML y CSS.

HTML

HTML, o *HyperText Markup Language,* es el lenguaje de marcado estándar utilizado para crear y estructurar contenido en la web. Proporciona la base sobre la cual se desarrollan páginas web, permitiendo definir diferentes elementos como texto, imágenes, enlaces o tablas. Su característica diferenciadora es que HTML utiliza etiquetas o elementos para organizar el contenido de una página. Cada etiqueta tiene un propósito específico, como <h1> para encabezados, <p> para párrafos, <head> con los metadatos del documento o <body> para cuerpo de texto. A través de estas etiquetas se permite por ejemplo la inclusión de diversos tipos de contenido multimedia, como imágenes, audio y vídeo, a través de etiquetas como <audio> y <video>.

```
<!DOCTYPE html> <html lang="es"> <head> <meta charset="UTF-8">
<title>Página    de    Ejemplo</title>    </head>    <body>
<h1>Bienvenido</h1> <p>Este es un ejemplo simple de HTML.</
p> <a href="https://www.example.com" target="_blank">Visita
mi sitio</a> </body> </html> <h2>Sobre Mí</h2>
<p>Hola, soy un desarrollador web apasionado por crear
experiencias interactivas y atractivas.</p>
</section>
<footer>
<p>&copy; 2024 Mi Página Web</p>
</footer>
</body>
</html>
```

Ejemplo de lenguaje HTML

Actividades

2. HTML ofrece una variedad de elementos de formulario, como <input>, que permiten la interacción del usuario y la recopilación de datos. Busque otras etiquetas de formulario.

Aplicación práctica

Observe el siguiente documento web e indique a qué se refieren las etiquetas siguientes. Justifique adecuadamente su respuesta.

```
<!DOCTYPE html>
<html lang="es">
<head>
<meta charset="UTF-8">
<title>El Viaje de Chihiro</title>
</head>
<body>
<h1>El Viaje de Chihiro</h1>
<p>Una niña se encuentra atrapada en un mundo mágico y
debe salvar a sus padres transformados en cerdos.</p>
<img  src="chihiro.jpg"  alt="El  Viaje  de  Chihiro"
width="300">
<h2>Tráiler:</h2>
<video width="320" height="240" controls>
<source src="trailer.mp4" type="video/mp4">
Tu navegador no soporta el elemento de video.
</video>
</body>
</html>
```

▎ <head>
▎ <body>
▎ <h1>
▎ <p>
▎ <video>

SOLUCIÓN

▎ <head>: contiene metadatos sobre el documento, que son datos que no se muestran directamente en la página web, pero que son importantes para la configuración de la página, como el título <title> de la página.

Continúa en página siguiente >>

<< Viene de página anterior

- **<body>:** contiene el contenido visible de la página web que será mostrado a los usuarios en su navegador, como texto, imágenes, enlaces, vídeos, etc. Contiene toda la información que se define en las etiquetas <h1>, <p> o <video>.
- **<h1>:** se utiliza para definir el título principal de la página o una sección importante del contenido. En este caso, es el título "El Viaje de Chihiro", que se destaca como el encabezado principal de la página.
- **<p>:** se utiliza para definir un párrafo de texto. En este caso, contiene una breve descripción de la trama de "El Viaje de Chihiro". Los párrafos son bloques de texto que se separan visualmente de otros elementos de la página.
- **<video>:** se utiliza para incrustar contenido de vídeo en la página web. El texto "Tu navegador no soporta el elemento de video." se muestra en caso de que el navegador no sea compatible con la etiqueta <video>.

CSS

CSS, o *Cascading Style Sheets,* es un lenguaje de estilo utilizado para describir la presentación y el diseño de documentos HTML. Permite controlar la apariencia visual de las páginas web, incluyendo aspectos como colores, fuentes, espaciado y diseño de los elementos. Tiene un diseño responsivo, lo que permite adaptarse a diferentes tamaños de pantalla. Además, incluye propiedades para crear efectos visuales, como transiciones y animaciones, que mejoran la interacción.

```
body {
font-family: Arial, sans-serif;
background-color: #f0f0f0;
margin: 20px;
}
h1 {
color: #333;
text-align: center;
}
p {
font-size: 16px;
color: #666;
}
a {
color: blue;
text-decoration: none;
}
a:hover {
text-decoration: underline;
}
```

Ejemplo de lenguaje CSS

2.3. Marcas: XML y derivados

XML, o *Extensible Markup Language,* es un lenguaje de marcas o marcado que se utiliza para almacenar y transportar datos de manera estructurada. A diferencia de HTML, que está diseñado para presentar datos, XML se centra en la representación y el almacenamiento de información.

```
<?xml version="1.0" encoding="UTF-8"?>
<libros>
<libro>
<titulo>El Principito</titulo>
<autor>Antoine de Saint-Exupéry</autor>
<anio_publicacion>1943</anio_publicacion>
<genero>Ficción</genero>
</libro>
<libro>
<titulo>Cien Años de Soledad</titulo>
<autor>Gabriel García Márquez</autor>
<anio_publicacion>1967</anio_publicacion>
<genero>Ficción</genero>
</libro>
</libros>
```

Ejemplo de lenguaje XML

 Actividades

3. XML permite la validación de su estructura mediante el uso de DTD, lo que asegura que los datos sigan un formato específico. Busque información y defina lo que es un DTD.

Derivados de XML

XML ha dado lugar a una serie de **lenguajes derivados** y tecnologías que se basan en su estructura y principios. A continuación, se presentan algunos de los más importantes.

XHTML (eXtensible HyperText Markup Language)

XHTML es una reformulación de HTML como un lenguaje XML. Se diseñó para combinar la flexibilidad de XML con la funcionalidad de HTML, proporcionando una sintaxis más rigurosa.

SVG (Scalable Vector Graphics)

SVG es un lenguaje basado en XML que se utiliza para describir gráficos vectoriales en dos dimensiones. Permite la creación de imágenes que se pueden escalar sin pérdida de calidad y se integra bien en páginas web.

XSL (Extensible Stylesheet Language)

XSL es un lenguaje utilizado para transformar documentos XML en otros formatos, como HTML, texto plano o XML diferente.

SOAP (Simple Object Access Protocol)

SOAP es un protocolo basado en XML para el intercambio de información estructurada en servicios web.

2.4. Guiones: JSP, *Active Server Pages*, PHP, *Common Gateway Interface*

Como se ha visto antes, los lenguajes de guiones o *scripting* son lenguajes de programación diseñados para automatizar tareas y controlar aplicaciones.

JSP

JavaServer Pages o **JSP** es una tecnología de desarrollo web que permite crear contenido dinámico en aplicaciones web utilizando la plataforma *Java*. Se utiliza para generar contenido HTML, XML o cualquier otro tipo de documento que pueda ser enviado al navegador del usuario.

```
<%@ page language="java" contentType="text/html;
charset=UTF-8" pageEncoding="UTF-8"%>
<!DOCTYPE html>
<html>
<head>
<meta charset="UTF-8">
<title>Ejemplo de JSP</title>
</head>
<body>
<h1>Bienvenido a mi página JSP</h1>
<%
// Código Java para mostrar la fecha y hora actual
java.util.Date fecha = new java.util.Date();
out.println("La fecha y hora actual es: " + fecha.
toString());
%>
</body>
</html>
```

Ejemplo de lenguaje JSP

Actividades

4. JSP soporta bibliotecas de etiquetas que permiten encapsular código en etiquetas reutilizables, lo que mejora la modulación y el mantenimiento del código. ¿Cuál es la biblioteca más común?

Active Server Pages

Active Server Pages o **ASP** es una tecnología de *Microsoft* que permite la creación de páginas web dinámicas y aplicaciones web.

El código ASP se ejecuta en el servidor web antes de que la página se envíe al navegador del usuario, lo que permite que el contenido se genere dinámicamente.

La versión más nueva es ASP.NET, creada en 2002.

```
<%@ Language="VBScript" %>
<!DOCTYPE html>
<html>
<head>
<title>Ejemplo de ASP</title>
</head>
<body>
<h1>Bienvenido a mi página ASP</h1>
<%
' Código VBScript para mostrar la fecha y hora actual
Dim fecha
fecha = Now()
Response.Write("La fecha y hora actual es: " & fecha)
%>
</body>
</html>
```

Ejemplo de Lenguaje ASP

PHP

PHP *(Hypertext Preprocessor)* es un lenguaje de programación diseñado principalmente para el desarrollo web. PHP se integra fácilmente con HTML, lo que permite generar contenido dinámico y gestionar la interacción con bases de datos. Además, PHP es un lenguaje interpretado, lo que significa que el código PHP se ejecuta en el servidor antes de enviarse al navegador del cliente.

```
<!DOCTYPE html>
<html>
<head>
<title>Ejemplo de PHP</title>
</head>
<body>
<h1>Bienvenido a mi página PHP</h1>
<?php
// Código PHP para mostrar la fecha y hora actual
date_default_timezone_set("America/New_York");
echo "La fecha y hora actual es: " . date("Y-m-d H:i:s");
?>
</body>
</html>
```

Ejemplo de Lenguaje PHP

Common Gateway Interface

Common Gateway Interface o **CGI** es un estándar que permite a los servidores web interactuar con programas externos o aplicaciones para generar contenido dinámico en respuesta a las solicitudes del usuario. CGI permite que los servidores web ejecuten *scripts* y programas en lenguajes como *Perl, Python* o C, entre otros, y que estos programas generen contenido que se envía al navegador del usuario.

Como ventaja, destaca que es un estándar abierto, lo que significa que puede ser utilizado con diferentes servidores web y sistemas operativos.

 Nota

Un ejemplo típico de uso de CGI es un formulario web que permite a los usuarios enviar datos, como un nombre y una dirección de correo electrónico.

```
<!DOCTYPE html>
<html>
<head>
<title>Formulario de Contacto</title>
</head>
<body>
<h1>Contacto</h1>
<form action="/cgi-bin/contact.pl" method="post">
Nombre: <input type="text" name="nombre"><br>
Correo Electrónico: <input type="email" name="email"><br>
<input type="submit" value="Enviar">
</form>
</body>
</html>
```

Ejemplo de Lenguaje CGI

 Actividades

5. CGI funciona con una serie de ejecutables externos a los que se denomina *scripts* CGI. Busque más información sobre los mismos y haga una breve descripción.

2.5. Propietarios: *action script,* etc.

Los lenguajes propietarios son lenguajes de programación que son desarrollados y mantenidos por una sola empresa o entidad. Estos lenguajes suelen tener restricciones en su uso, distribución y, a menudo, requieren licencias para su implementación.

Action Script

ActionScript es un lenguaje de programación que se utiliza principalmente en la plataforma *Adobe Flash.* Permite crear contenido altamente interactivo al responder a eventos del usuario, como clics, desplazamientos del ratón y teclas presionadas.

Nota

Adobe anunció el fin de vida de *Flash Player,* que fue oficialmente descontinuado el 31 de diciembre de 2020. Esto marcó un cambio significativo en el uso de *ActionScript,* ya que el lenguaje estaba ligado a la plataforma *Flash.* Muchos desarrolladores han migrado sus proyectos de *Flash* a tecnologías web estándar como HTML5, CSS y *JavaScript,* que son ampliamente soportadas.

Actividades

6. *ActionScript* se usa actualmente para algunas aplicaciones o juegos en línea. ¿Cuál es la versión con la que se trabaja?

Otros lenguajes propietarios

Además de *ActionScript,* hay varios lenguajes de programación que son considerados propietarios. Algunos son:

Visual Basic (VB)	Desarrollado por *Microsoft,* es un lenguaje de programación que permite la creación de aplicaciones en *Windows.*
MATLAB	Un entorno de programación y un lenguaje de alto nivel diseñado para realizar cálculos matemáticos y técnicos. Es muy utilizado en ingeniería o análisis de datos.

Continúa en página siguiente >>

<< Viene de página anterior

SAS *(Statistical Analysis System)*	Un lenguaje y *software* para el análisis estadístico, la minería de datos y la gestión de datos. Es ampliamente utilizado en la industria de la salud, finanzas y *marketing*.
Oracle PL/SQL *(Procedural Language/SQL)*	Un lenguaje de programación utilizado en la base de datos *Oracle*. PL/SQL es un extension de SQL que permite la programación de procedimientos y funciones.
ZigBee	Un lenguaje utilizado en comunicaciones de redes de área personal (PAN) y dispositivos de baja potencia. Aunque es un estándar, las implementaciones pueden ser propietarias.

2.6. Combinados: AJAX

AJAX *(Asynchronous JavaScript and XML)* es una técnica de desarrollo web que permite la actualización no simultánea de partes de una página web sin necesidad de recargar toda la página.

```
<!DOCTYPE html>
<html lang="es">
<head>
<meta charset="UTF-8">
<title>Ejemplo de AJAX</title>
<script>
function cargarContenido() {
var xhr = new XMLHttpRequest();
xhr.onreadystatechange = function() {
if (xhr.readyState == 4 && xhr.status == 200) {
document.getElementById("contenido").innerHTML = xhr.
responseText;
}
};
xhr.open("GET", "contenido.txt", true);
xhr.send();
}
</script>
</head>
```

Continúa en página siguiente >>

<< Viene de página anterior

```
<body>
<h1>Ejemplo de AJAX</h1>
<button  onclick="cargarContenido()">Cargar  Contenido</
button>
<div id="contenido"></div>
</body>
</html>
```

Ejemplo de lenguaje AJAX

Se denomina un **lenguaje combinado** porque usa una técnica que combina varias tecnologías para permitir la creación de aplicaciones web interactivas y dinámicas. Utiliza básicamente los siguientes lenguajes:

- *JavaScript:* permite la ejecución de código que puede solicitar y recibir datos del servidor sin recargar la página.
- **XML:** se utiliza para enviar y recibir datos estructurados entre el cliente y el servidor.
- **HTML:** se actualiza dinámicamente en el navegador en respuesta a los datos que se reciben del servidor.
- **5El Objeto XMLHttpRequest:** es el mecanismo que permite a *JavaScript* comunicarse con el servidor, enviando solicitudes y recibiendo respuestas.
- **JSON *(JavaScript Object Notation):*** se utiliza para enviar datos entre el servidor y el cliente de manera más eficiente, lo que facilita la serialización y deserialización de datos en *JavaScript.* Por ello, ha reemplazado ampliamente a XML.

Aplicación práctica

El siguiente documento se ha mejorado partiendo de un documento HTML y usando un lenguaje de marcado. Según lo estudiado, ¿qué lenguaje se ha usado? Justifique su respuesta.

Documento en HTML:

```html
<!DOCTYPE html>
<html lang="es">
<head>
<meta charset="UTF-8">
<title>Página Básica</title>
<link rel="stylesheet" type="text/css"
href="estilos.css">
</head>
<body>
<h1>Bienvenido a Mi Página</h1>
<p>Esta es una página de ejemplo con un
estilo básico.</p>
<p>Aquí se puede agregar más contenido
sobre diferentes temas.</p>
</body>
</html>
```

Continúa en página siguiente >>

<< Viene de página anterior

Documento mejorado:

```
body {
font-family: 'Arial', sans-serif;
background-color: #ffffff;
color: #333;
margin: 0;
padding: 20px;
line-height: 1.6;
}
h1 {
color: #28a745;
text-align: center;
border-bottom: 2px solid #28a745;
padding-bottom: 10px;
}
p {
font-size: 16px;
margin: 10px 0;
padding: 10px;
border-radius: 5px;
background-color: #f8f9fa;
}
p:hover {
background-color: #e9ecef;
transition: background-color 0.3s;
}
```

SOLUCIÓN

Para mejorar este documento se ha usado el lenguaje CSS, según se puede ver gracias a su estructura básica: las reglas de estilo en CSS se agrupan en bloques, que están encerrados entre llaves {}.

2.7. Requisitos *hardware/software*

Los requisitos de *hardware* y *software* para trabajar con lenguajes de programación pueden variar según el lenguaje específico, el entorno de desarrollo y el tipo de aplicación que se desea crear.

Hardware requerido

Los requisitos de *hardware* son:

- **Procesador:** se recomienda un procesador como Intel i3, i5, AMD Ryzen 3, 5 o superior.
- **Memoria RAM:** mínimo de 8 GB de RAM o incluso se recomiendan 16 GB o más para algunos entornos virtuales.
- **Almacenamiento:** se recomienda un mínimo de 256 GB.
- **Tarjeta gráfica:** si se trabaja con desarrollo de videojuegos o aplicaciones gráficas, se recomienda una tarjeta gráfica como NVIDIA o AMD.
- **Conexión a internet:** requerida para descargar herramientas, bibliotecas y actualizaciones o la colaboración en línea.

Software requerido

Los requisitos de *software* dependen del lenguaje que se vaya a utilizar; cada uno requiere diversos entornos y herramientas. Por ejemplo, en *Java,* se debe instalar el *Java Development Kit* (JDK) para compilar y ejecutar programas, junto con herramientas de construcción como *Maven* o *Gradle.* Por su parte, para PHP, se requiere un servidor web como *Apache* o *Nginx,* y un *software* de base de datos como *MySQL* o *PostgreSQL.*

 Actividades

7. Busque información en la web e indique cuáles serían los requisitos de *software* para instalar *JavaScript.*

La elección del sistema operativo es un aspecto fundamental en el desarrollo de *software* y el uso de lenguajes de programación. Afecta a la compatibilidad, el rendimiento, las herramientas disponibles, la portabilidad del código, el soporte de la comunidad y la seguridad.

 Nota

I *Windows:* recomendado para trabajar con herramientas específicas de *Microsoft.*
I *MacOS:* ideal para iOS.
I *Linux:* preferido por muchos desarrolladores de *software* de código abierto.

3. Utilización de diferentes herramientas de marcado, de presentación o de guiones existentes

Estas herramientas son esenciales en el desarrollo web y multimedia:

Herramientas y aplicaciones que utilizan lenguajes de marcado	Lenguajes de marcado como HTML o XML, utilizan aplicaciones y herramientas como: - Editores de texto como *Visual Studio Code*, un editor de código fuente con soporte para HTML. - Sistemas de gestión de Contenido (CMS) como *WordPress*, que utiliza HTML para la generación de páginas web y es ampliamente utilizado para blogs y sitios web. - *Frameworks* de desarrollo como Bootstrap: un *Framework* CSS que utiliza HTML para crear sitios web responsivos y móviles.

Continúa en página siguiente >>

<< Viene de página anterior

Herramientas y aplicaciones que utilizan lenguajes de presentación	Lenguajes de presentación como CSS, utilizan aplicaciones y herramientas como: - Editores de estilos como Sass y LESS: son preprocesadores CSS que extienden la funcionalidad de CSS permitiendo características avanzadas. - *Frameworks* de diseño: como *Tailwind* CSS un *framework* de que permite crear diseños personalizados con clases de CSS. - Herramientas de diseño como *Adobe XD*, un *software* de diseño de interfaces que permite diseñar y exportar estilos CSS.
Herramientas y aplicaciones que utilizan lenguajes de guiones	Lenguajes de guiones como *Javascript*, utilizan aplicaciones y herramientas como: - *Frameworks* y Librerías como *jQuery*, que es una librería que simplifica el manejo de eventos en JavaScript. - Entornos de ejecución como *Node.js*, que es un entorno de ejecución para *JavaScript* del lado del servidor, permitiendo la creación de aplicaciones web y API. - Herramientas de construcción como *Webpack*, una herramienta de empaquetado de módulos para aplicaciones JavaScript.

3.1. Requisitos *hardware/software*

La utilización de diferentes herramientas de marcado, de presentación y de guiones es fundamental en el desarrollo de aplicaciones web y multimedia. Cada tipo de herramienta desempeña un papel específico en la creación y presentación de contenido. Por ello, se deberán tener en cuenta una serie de requisitos tanto de *hardware* como de *software*.

Requisitos de *hardware*

Las recomendaciones son las siguientes:

1. **Procesador:** Intel Core i5 o AMD Ryzen 5 (o superior).
2. **Memoria RAM:** 16 GB o más, especialmente si se trabajan con múltiples aplicaciones o proyectos simultáneamente.
3. **Almacenamiento:** 512 GB o más para almacenar proyectos, herramientas y recursos.

- **Tarjeta gráfica:** tarjeta gráfica compatible con *OpenGL* 2.0 (NVIDIA o AMD).
- **Conexión a internet:** necesaria para descargar herramientas, actualizaciones y acceder a recursos en línea.

Requisitos de *software*

Es importante tener en cuenta lo siguiente:

1. **Sistema operativo:** *Windows 10* (64 bits) o superior o *MacOS Mojave* (10.14) o superior.
2. **Navegador web:** navegadores como *Google Chrome, Mozilla Firefox, Safari* o *Microsoft Edge* para pruebas de aplicaciones web.
3. Entornos de ejecución:

   - Si se utiliza PHP, se necesita un servidor web como *Apache* o *Nginx,* junto con PHP instalado.
   - Si es *JavaScript* el entorno de desarrollo esté configurado para permitir la ejecución de *JavaScript* y la inclusión de bibliotecas.

3.2. *Players* y actualizaciones

Los **players** y **actualizaciones** son elementos esenciales en el contexto del desarrollo web y el uso de herramientas como las anteriormente mencionadas.

Players

Los *players* son aplicaciones o componentes que permiten la reproducción de contenido multimedia, como audio, vídeo y animaciones. En el contexto de desarrollo web, esto incluye reproductores de vídeo HTML5 y otros tipos de contenido multimedia.

Ejemplo

Un ejemplo de *player* para un reproductor de vídeo sería *HTML5 Video Player,* que utiliza la etiqueta <video> de HTML5 para reproducir video directamente en el navegador sin necesidad de *plugins* adicionales.

```
<video controls>
<source src="video.mp4" type="video/mp4">
<source src="video.webm" type="video/webm">
Tu navegador no soporta el elemento de video.
</video>
```

Actualizaciones

Las actualizaciones son mejoras o correcciones de *software* que se aplican a herramientas y plataformas para garantizar su funcionamiento óptimo y la seguridad del sistema. Esto incluye tanto actualizaciones de *software* como actualizaciones de *plugins*, lenguajes de programación y librerías.

Las actualizaciones son esenciales para el mantenimiento y la seguridad de herramientas y plataformas de *software,* ya que incluyen mejoras y correcciones que garantizan un funcionamiento óptimo.

3.3. Publicación de contenidos y compatibilidad

La publicación de contenidos y la compatibilidad son esenciales en el desarrollo web, especialmente en el uso de lenguajes de programación como HTML, XML y CSS. La **publicación** se refiere a cómo la información se presenta en la web, utilizando HTML para estructurar y mostrar el contenido de manera efectiva, mientras que XML facilita el intercambio de datos entre sistemas.

La **compatibilidad** implica que el contenido debe ser accesible y funcionar correctamente en diversos dispositivos y navegadores. Para lograr esto, se emplea el diseño responsivo mediante CSS, que ajusta automáticamente el contenido al tamaño de la pantalla. Esto es fundamental, dado que los usuarios acceden a la web desde ordenadores, tabletas y *smartphones.*

La correcta implementación de estos lenguajes y técnicas no solo mejora la apariencia y accesibilidad del contenido, sino que también garantiza una experiencia de usuario fluida, independientemente del dispositivo o navegador utilizado.

Actividades

8. En la publicación de contenidos web interviene la optimización en motores de búsqueda o SEO. ¿Por qué cree que el uso adecuado de HTML contribuye al SEO?

3.4. Dispositivos y plataformas de destino

En el desarrollo web, es esencial considerar los **dispositivos y plataformas de destino** para garantizar que el contenido sea accesible y funcional en diversos entornos. El diseño responsivo, que utiliza HTML y CSS, permite que las páginas web se ajusten a diferentes tamaños de pantalla, mejorando la experiencia del usuario y contribuyendo al SEO.

Los lenguajes de programación son fundamentales para crear aplicaciones compatibles en múltiples plataformas. La interactividad y la lógica del servidor permiten la generación de contenido dinámico, accesible en cualquier dispositivo.

Además, es esencial realizar pruebas en varios navegadores y sistemas operativos para asegurar la correcta visualización y funcionamiento del contenido, ya que las diferencias en la interpretación de los lenguajes de programación pueden afectar la presentación. Herramientas como *Chrome DevTools* ayudan a identificar y resolver problemas de compatibilidad antes de la publicación.

Por tanto, una buena identificación de los dispositivos y plataformas de destino, junto con el uso adecuado de lenguajes de programación, permite a crear experiencias web coherentes y accesibles, esenciales para el éxito en un entorno competitivo.

 Aplicación práctica

Una empresa de comercio electrónico ha lanzado una tienda en línea y desea que su sitio web se posicione bien en los motores de búsqueda (SEO) y sea accesible en una variedad de dispositivos y navegadores. Para lograr esto, se necesita un enfoque eficiente en el uso de HTML y CSS. A partir de todo lo estudiado, analice cómo el uso adecuado de HTML y CSS contribuye a la optimización en motores de búsqueda (SEO) y cómo se asegura la compatibilidad en diferentes dispositivos y navegadores. Mencione la importancia de garantizar la compatibilidad en diferentes navegadores y dispositivos.

SOLUCIÓN

El uso adecuado de HTML y CSS es fundamental para optimizar un sitio web en motores de búsqueda (SEO) y asegurar su compatibilidad en diferentes dispositivos y navegadores. En términos de SEO, una estructura semántica correcta en HTML ayuda a los motores de búsqueda a entender el contenido, utilizando etiquetas como <h1> para títulos y <p> para párrafos. Además, incluir etiquetas y metaetiquetas, como las descripciones, influye en cómo aparece el sitio en las búsquedas, afectando la tasa de clics.

CSS, aunque no afecta directamente al SEO, contribuye a la experiencia del usuario al hacer que el contenido sea visualmente atractivo y fácil de leer. Un diseño bien organizado puede aumentar el tiempo que los usuarios pasan en el sitio. Por otro lado, garantizar la compatibilidad implica utilizar un diseño responsivo mediante CSS, que permite que el contenido se ajuste a varios tamaños de pantalla, proporcionando una experiencia coherente en dispositivos móviles y de escritorio. Resulta importante realizar pruebas en diferentes navegadores, como *Chrome, Firefox* y *Safari,* ya que pueden interpretar el código de manera distinta.

La compatibilidad no solo mejora la accesibilidad, sino que también optimiza la experiencia del usuario y beneficia al SEO, ya que los motores de búsqueda valoran los sitios que ofrecen una buena usabilidad en cualquier dispositivo.

4. Resumen

Los lenguajes de marcado, de presentación y de guiones son fundamentales en el diseño y desarrollo de productos editoriales multimedia. Estos lenguajes aportan funcionalidades específicas que, al combinarse, garantizan una experiencia de usuario óptima y accesible.

Los lenguajes de marcado, como HTML, proporcionan la estructura esencial de los documentos digitales, organizando la información de manera clara, lo cual es vital para la optimización en motores de búsqueda (SEO). Por otro lado, los lenguajes de presentación, como CSS, permiten a los diseñadores controlar el estilo y la disposición de los elementos en pantalla, mejorando tanto la estética como la navegación. Por su parte, la introducción de interactividad mediante lenguajes de guiones, como *JavaScript,* es importante para crear aplicaciones modernas que respondan dinámicamente a las acciones del usuario. Esta combinación de lenguajes fomenta una experiencia fluida y cohesiva, abriendo la puerta a aplicaciones complejas que pueden funcionar en diversas plataformas.

Además, es esencial considerar los requisitos de *hardware* y *software* al desarrollar contenido multimedia, asegurando la compatibilidad y la seguridad de los productos. La selección adecuada de herramientas de autor es también decisiva, ya que deben facilitar la creación de contenido de calidad, equilibrando la personalización con la facilidad de uso.

En definitiva, el ámbito del desarrollo multimedia está en constante evolución. Los profesionales deben mantenerse informados sobre las nuevas tendencias y herramientas, lo que no solo enriquecerá la calidad del contenido, sino que también fomentará la innovación en un entorno digital competitivo.

Ejercicios de repaso y autoevaluación

1. **Indique si son verdaderas o falsas las siguientes frases:**

   a. Los lenguajes de marcado son utilizados para definir la estructura de documentos digitales.

   ☐ Verdadero
   ☐ Falso

   b. CSS se utiliza principalmente para la lógica del servidor en aplicaciones web.

   ☐ Verdadero
   ☐ Falso

2. **¿Qué tipo de lenguaje es *Javascript?***

   _____
   _____

3. **¿Cuál es el lenguaje utilizado para aplicar estilos visuales a los documentos HTML?**

   _____
   _____

4. **Complete las siguientes oraciones:**

   ▌ _____ es un lenguaje de marcado que se utiliza para estructurar contenido en la web.
   ▌ _____ permite la creación de gráficos vectoriales escalables y se basa en XML.

5. **¿Qué etiqueta se usa para crear un enlace en HTML?**

   _____
   _____

6. Relacione los conceptos.

    a. HTML
    b. CSS
    c. *JavaScript*
    d. XML

    ___ Estilo y apariencia
    ___ Lenguaje de programación
    ___ Lenguaje de marcado
    ___ Interactividad y funcionalidad

7. ¿Cuál de los siguientes no es un lenguaje de marcado?

    a. HTML
    b. XML
    c. *JavaScript*
    d. XHTML

8. ¿Qué función desempeñan los lenguajes de presentación en el desarrollo web?

_____

_____

9. Defina qué es XML

_____

_____

10. ¿Qué lenguaje se utiliza para definir la estructura de una página web?

_____

_____

11. ¿Qué son los lenguajes derivados de XML y cuál es su utilidad?

_____

_____

_____

_____

12. Clasifique los siguientes lenguajes y tecnologías según su categoría: HTML, CSS, *JavaScript,* PHP, SQL, XML, JSON, *Ruby,* C# y *Swift.*

_____

_____

_____

_____

_____

_____

_____

13. Explique cómo CSS mejora la experiencia del usuario en una página web.

_____

_____

_____

_____

14. Describa cómo *JavaScript* contribuye a la interactividad en aplicaciones web.

_____

_____

_____

_____

15. ¿Qué importancia tiene la compatibilidad entre navegadores en el desarrollo web?

_____

_____

_____

_____

Capítulo 4

Elaboración del prototipo

Contenido

1. Introducción

La elaboración del prototipo es una etapa fundamental dentro del proceso de desarrollo de productos multimedia, ya que transforma las ideas y conceptos iniciales en representaciones tangibles que pueden ser evaluadas y mejoradas antes de la producción final. Esta fase permite visualizar cómo interactuarán los diferentes componentes del producto, como textos, imágenes, audio, vídeo y animaciones, y también define cómo los usuarios interactuarán con el sistema a través de elementos interactivos.

El prototipo no solo sirve como una demostración visual de lo que se desea crear, sino que también es una herramienta esencial para probar la funcionalidad y la experiencia del usuario. En esta etapa, se realiza un análisis detallado del diseño previo y las especificaciones del producto multimedia, donde se toman decisiones sobre la integración de componentes, la navegación y la interacción. Además, se planifican cuidadosamente las funcionalidades del prototipo, asegurando que cumpla con los requisitos técnicos y estéticos establecidos.

Asimismo, el proceso de evaluación y modificación del prototipo juega un importante papel. La retroalimentación obtenida de los usuarios y las partes interesadas durante esta fase permite ajustar el diseño para adaptarse mejor a las expectativas y necesidades del público objetivo y el mercado.

2. Análisis del diseño previo y de las especificaciones del producto multimedia

Antes de iniciar el montaje del prototipo, es fundamental realizar un análisis exhaustivo del diseño previo y de las especificaciones del producto multimedia. Este análisis sienta las bases necesarias para un desarrollo efectivo, garantizando que el prototipo final cumpla con los objetivos establecidos.

El **diseño previo,** o esquema del prototipo, es una representación visual y conceptual del producto multimedia que se desea crear. Este esquema debe incluir una descripción clara de la estructura, la navegación y los elementos visuales que se utilizarán. Para elaborar este esquema, es importante considerar varios aspectos:

■ **Definir los objetivos:** es decir, qué se espera lograr con el prototipo. Esto incluye determinar la audiencia objetivo, los mensajes clave y la funcionalidad que se desea ofrecer.

■ **Organizar el contenido:** de manera lógica y coherente. Esto implica crear un mapa del sitio o diagramas de flujo que representen cómo los usuarios navegarán a través del producto, así como la relación entre diferentes secciones.

■ **Diseñar la interfaz:** teniendo en cuenta la usabilidad y la experiencia del usuario. Esto incluye decidir sobre la disposición de los elementos en pantalla, los colores, tipografías y otros aspectos visuales que afectarán la percepción del usuario.

Esquema del prototipo

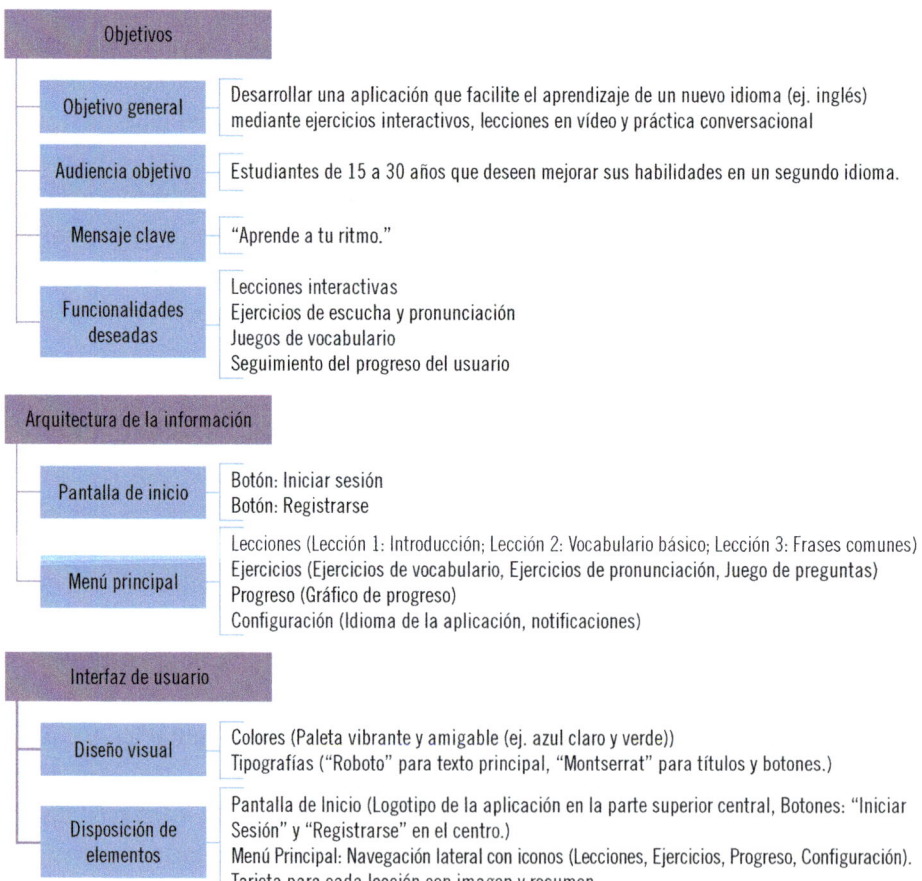

Ejemplo de un esquema de prototipo de una aplicación educativa para aprendizaje de idiomas

Una vez establecido el diseño previo, se deben definir las especificaciones del producto multimedia. Estas especificaciones actúan como un conjunto de directrices que guiarán el proceso de desarrollo y ayudarán a mantener el enfoque en los objetivos.

Incluye las siguientes acciones:

- Determinar qué **funcionalidades** debe tener el prototipo, como la capacidad de interacción, navegación, reproducción de audio y vídeo y otros elementos interactivos.
- Especificar las **plataformas y dispositivos** en los que se usará el producto, así como los formatos de archivo que se utilizarán para textos, imágenes, audio y vídeo.
- Delimitar el tipo de **herramientas de autor y *software*** que se emplearán en la creación del prototipo.
- Establecer cómo se **medirá el éxito del prototipo.** Esto puede incluir la definición de métricas específicas, la efectividad de la navegación y la satisfacción del usuario.

 Nota

Las métricas proporcionan datos objetivos que permiten entender cómo se está utilizando un producto, cómo se desempeña en relación con los objetivos establecidos y dónde se pueden realizar mejoras.

2.1. Aplicabilidad de las herramientas de autor

Como ya se vio en anteriores capítulos, **las herramientas de autor** son aplicaciones de *software* diseñadas para facilitar la creación, edición y publicación de contenido multimedia interactivo, sin que sea necesario contar con un conocimiento profundo en programación. Por supuesto, permiten la creación de prototipos para productos multimedia.

La elección de la herramienta de autor adecuada es esencial para el éxito del desarrollo del producto multimedia. Algunas razones por las que esta decisión es importante incluyen la facilidad de uso de esta, su funcionalidad y por supuesto la compatibilidad con las plataformas y dispositivos donde se desplegará el producto final, asegurando que el contenido sea accesible para la audiencia objetivo. Además, será crucial considerar el ámbito en el que se va a utilizar.

Al comprender las características de las diferentes herramientas disponibles y su uso en diversos ámbitos, se asegurará la alineación con los objetivos del proyecto. Por lo tanto, elegir la herramienta adecuada teniendo en cuenta su aplicabilidad, no solo facilita el trabajo del equipo, sino que también impacta directamente en la calidad y funcionalidad del producto final.

 Nota

La colaboración también juega un papel importante en la selección de herramientas. En muchos proyectos, los equipos son multidisciplinarios, por lo que elegir una herramienta que facilite la colaboración y el trabajo en equipo puede optimizar el proceso de diseño.

Existen diversas herramientas de autor en el mercado que destacan por su funcionalidad y versatilidad en el diseño previo de prototipos. Algunas de las más populares son:

- **Adobe Captivate:** para crear cursos *e-learning* y simulaciones interactivas. Permite incorporar vídeos, cuestionarios y elementos multimedia fácilmente.
- **Articulate Storyline:** para el diseño de cursos interactivos. Ofrece una interfaz similar a *PowerPoint,* lo que facilita su uso para diseñadores no técnicos.
- **Camtasia:** especializada en la grabación de pantalla y edición de vídeo. Muy utilizada para crear tutoriales y presentaciones educativas.

- ***InVision:*** enfocada en el diseño de prototipos interactivos para aplicaciones web y móviles. Permite crear maquetas y flujos de trabajo colaborativos.
- ***Axure RP:*** útil para diseñar prototipos de alta fidelidad. Permite simular interacciones complejas y generar especificaciones para desarrolladores.

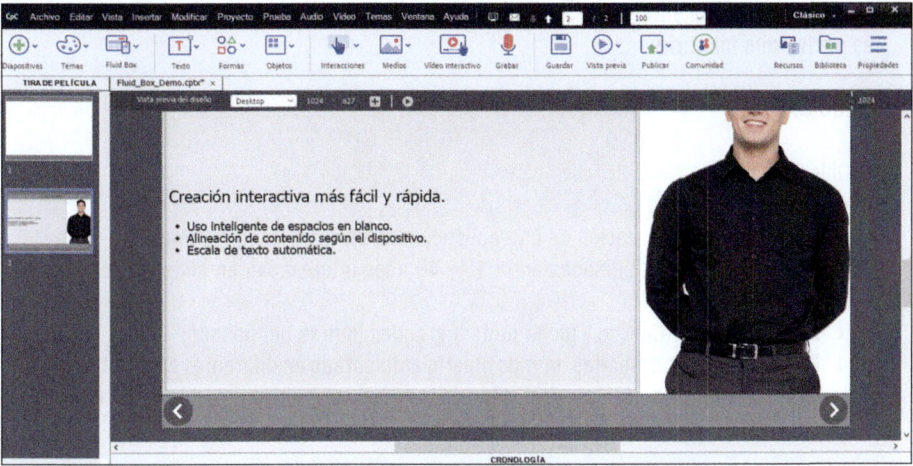

Adobe Captivate es una herramienta de autor muy útil y fácil de usar para crear cursos e-learning y simulaciones interactivas.

 Actividades

1. Vuelva a repasar el capítulo 2 e indique en qué ámbitos se suelen usar las herramientas de autor.

Aplicación práctica

En su empresa de diseño gráfico se va a crear una aplicación de un videojuego para aprender historia. El diseño se basa en la idea de un juego en el que los usuarios interactúan con eventos históricos, personajes y misiones dentro de un entorno inmersivo. Siguiendo el ejemplo anterior, realice un esquema del prototipo, indicando a continuación las partes que incluiría.

SOLUCIÓN

▪ Objetivos:

   ▪ Objetivo general: creación de una aplicación de un videojuego histórico.
   ▪ Audiencia objetivo: personas entre 15 y 40 años interesadas en historia, cultura y estrategia.
   ▪ Mensaje clave: "Conoce y lucha junto a grandes figuras del pasado."
   ▪ Funcionalidades deseadas: mundo abierto ambientado en diferentes épocas históricas y misiones basadas en eventos históricos donde el jugador debe tomar decisiones que afectan el desarrollo de la historia.

▪ Arquitectura de la información:

   ▪ Pantalla de inicio: "Nuevo juego", "Continuar", "Ajustes", "Tienda" (para contenido adicional).
   ▪ Menú principal: "Sección 1 Mundo abierto", "Sección 2 Lista de misiones", "Sección 3 Inventario", "Sección 4 Progreso".
   ▪ Otras pantallas: "Pantalla de mapa", "Pantalla de misión", "Pantalla de batalla".

▪ Interfaz de usuario:

   ▪ Diseño visual: elementos como el logo del videojuego, personajes históricos y mapa interactivo. Se usarán colores cálidos paras la antigüedad y fríos para la época moderna.
   ▪ Disposición de elementos: habrá cuatro pantallas básicas: de "Inicio" principal con el mapa interactivo, de "Misión" y de "Batalla".

3. Montaje del prototipo

El montaje del prototipo representa un paso esencial en el proceso de desarrollo de productos multimedia, ya que implica la materialización de las ideas y conceptos previamente analizados. En esta etapa, es determinante integrar todo lo aprendido en los capítulos anteriores, considerando tanto el diseño previo como las especificaciones definidas. Para facilitar este proceso, se sugiere realizar un esquema o una lluvia de ideas *(brainstorming)* que resuma las ideas clave para el prototipo, permitiendo organizar y priorizar los elementos que se integrarán en la versión final del producto.

Montaje del prototipo

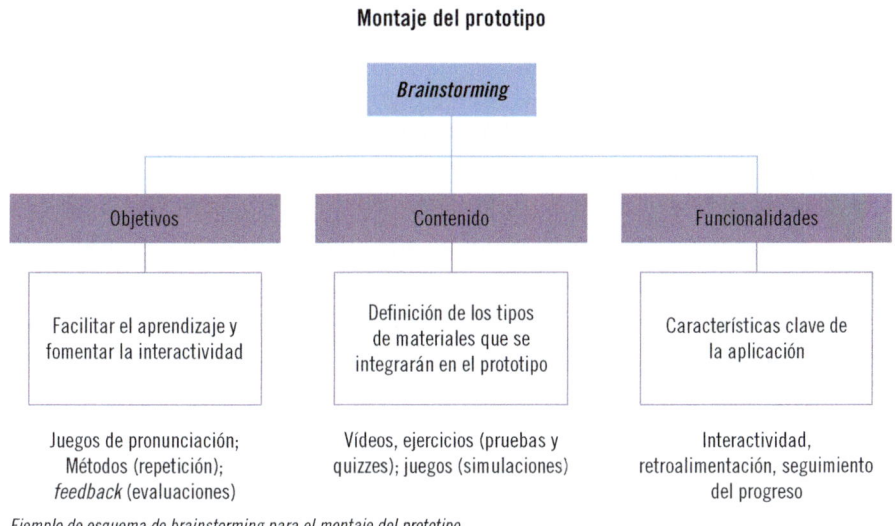

Ejemplo de esquema de brainstorming para el montaje del prototipo

A continuación, se van a describir todos los elementos que se deben tener en cuenta para montar el prototipo.

3.1. Técnicas de ensamblado de los elementos multimedia

El ensamblado de elementos multimedia es una etapa esencial en el desarrollo de proyectos por diversas razones:

- Ayuda a organizar visualmente todos los componentes del proyecto, permitiendo identificar cómo interactuarán entre sí.
- Proporciona una representación visual que puede ser fácilmente compartida con otros miembros del equipo, facilitando la discusión y el *feedback*.
- Ayuda a anticipar problemas de diseño y funcionalidad antes de la implementación, lo que reduce la posibilidad de errores costosos en etapas posteriores.
- Permite visualizar la experiencia del usuario y ajustar la navegación para mejorar la usabilidad.

Algunas técnicas comunes para ensamblar o cohesionar estos elementos en un proyecto multimedia son:

- **Integración de texto e imágenes:** usar imágenes para complementar el texto y reforzar el mensaje.
- **Uso de vídeos y animaciones:** incorporar vídeos cortos y animaciones que expliquen conceptos o narren historias, manteniendo la atención del usuario.
- **Interactividad:** implementar elementos interactivos, como botones, menús desplegables y enlaces, que permitan a los usuarios explorar el contenido a su propio ritmo.
- **Audio de soporte:** añadir pistas de audio de fondo o narraciones que acompañen al contenido visual, mejorando la comprensión y el disfrute del usuario.
- **Diseño de navegación:** establecer una estructura de navegación clara y lógica, que permita a los usuarios moverse fácilmente a través del contenido.

Crear un esquema gráfico proporciona una representación visual clara de cómo se ensamblarán los elementos multimedia en el prototipo, facilitando la planificación y el desarrollo del proyecto.

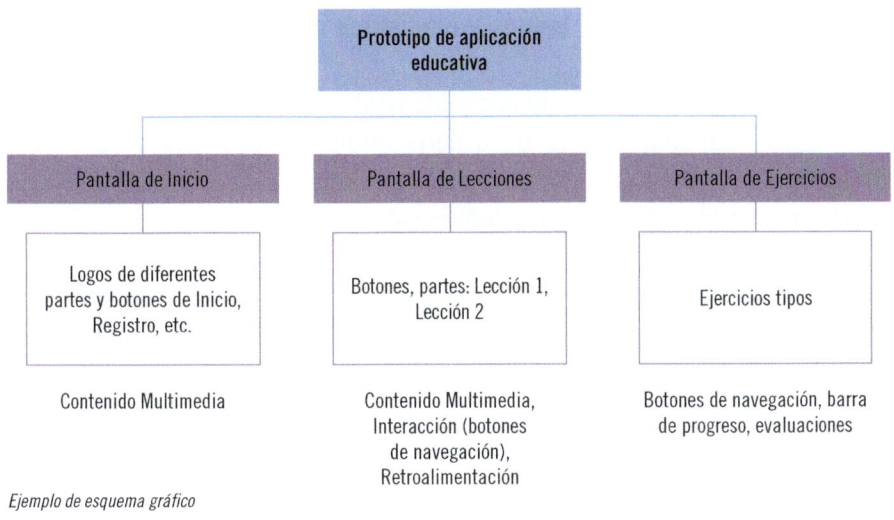

Ejemplo de esquema gráfico

 Aplicación práctica

A partir del esquema anterior, describa qué se desarrolla en cada uno de estos elementos:

- **Montaje del prototipo**
- **Objetivos**
- **Contenido**
- **Funcionalidades**
- **Subcategorías de cada una de las partes**

SOLUCIÓN

- **Montaje del prototipo:** este es el tema central del *brainstorming*.
- **Objetivos:** se recogen las metas principales de la aplicación, como facilitar el aprendizaje y fomentar la interactividad.
- **Contenido:** se especifican los tipos de materiales que se integrarán en el prototipo, incluyendo vídeos, ejercicios y juegos.
- **Funcionalidades:** se definen las características clave de la aplicación, como la interactividad, la retroalimentación y el seguimiento del progreso.
- **Subcategorías de cada una de las partes:** cada una de las categorías principales se desglosa en ideas más específicas, como los tipos de ejercicios y métodos de evaluación.

3.2. Integración de iconos, menús y elementos de diseño gráfico

La integración de iconos, menús y elementos de diseño gráfico es funda-mental para crear una interfaz de usuario intuitiva y atractiva en productos multimedia. Esta integración no solo mejora la estética del producto, sino que también facilita la navegación y la interacción del usuario.

A continuación, se detallan las consideraciones clave para integrar estos elementos de manera efectiva, adaptándolos al tipo de producto que se esté desarrollando.

Integración de iconos

Para integrar los iconos se deberá tener en cuenta lo siguiente:

- Los iconos deben ser representativos y fácilmente reconocibles. Es im-portante seleccionar un estilo que sea coherente con el tema del pro-ducto.
- Los iconos deben colocarse en ubicaciones estratégicas para guiar al usuario.
- Los iconos deben ser interactivos, ofreciendo retroalimentación visual al usuario (como cambios de color o animaciones) cuando se pasa por encima o se seleccionan.

Iconos con formas específicas para una página web de aprendizaje
e-learning para alumnado de primaria

Integración de menús

En cuanto a la integración de menús se deberá tener en cuenta lo siguiente:

- El menú debe estar diseñado de manera que permita a los usuarios ac-ceder rápidamente a las diferentes secciones del producto.

- Utilizar un diseño jerárquico en el menú ayuda a organizar la información de forma lógica.
- Asegurarse de que el menú sea accesible tanto en dispositivos móviles como en ordenadores. Esto incluye hacer que los elementos sean suficientemente grandes para tocarlos y legibles en diferentes tamaños de pantalla.

Elementos de diseño gráfico

Por último, para integrar los diferentes elementos de diseño gráfico, se deberá considerar lo siguiente:

- Seleccionar una paleta de colores coherente que refleje la identidad del producto.
- Elegir fuentes que sean legibles y apropiadas para el público objetivo. Usar una combinación de fuentes para títulos y cuerpo de texto puede ayudar a jerarquizar la información.
- Mantener un espaciado adecuado entre elementos para evitar el desorden y asegurar que la interfaz sea clara y fácil de navegar.

Ejemplo de esquema que muestra la integración de diferentes elementos de diseño gráfico en una página web

La forma en la que se integren todos estos elementos creará una interfaz determinada, que también dependerá del tipo de producto multimedia para el que se dispongan los elementos. Diferentes tipos de productos tienen diferentes requerimientos funcionales. Por ejemplo, una plataforma de *e-learning* necesitará incluir menús de navegación complejos, acceso a materiales de curso, evaluaciones y seguimiento del progreso, mientras que una aplicación de entretenimiento puede centrarse más en la interactividad y la facilidad de uso.

 Ejemplo

Para una aplicación de aprendizaje de idiomas, los elementos se integrarán en la interfaz de la siguiente forma:

I Iconos: un icono de **Libro** para acceder a las lecciones; un icono de **Micrófono** para ejercicios de pronunciación; un icono de **Gráfico** para visualizar el progreso.

I Menús: un menú principal en la parte inferior de la pantalla que incluye secciones como ***Inicio, Lecciones, Ejercicios*** y ***Perfil****.* Además, submenús que se despliegan al seleccionar ***Lecciones,*** permitiendo acceder a diferentes niveles y temas.

I Elementos de diseño gráfico: una paleta de colores en tonos verdes y azules que transmite tranquilidad y concentración; tipografía moderna y clara para asegurar la legibilidad, con fuentes como *Roboto* para el texto y *Montserrat* para los títulos; uso de imágenes de fondo relacionadas con el aprendizaje y la cultura de los idiomas, que complementan el contenido sin distraer.

 Actividades

2. Todos estos elementos deben permitir navegar de forma intuitiva. ¿Qué cree que significa esto? ¿En qué consiste?

 Aplicación práctica

Su empresa de diseño va a crear una aplicación de salud y bienestar. Esta aplicación estará enfocada en facilitar el seguimiento de actividades físicas, nutrición y bienestar emocional, ofreciendo una experiencia personalizada y motivadora para los usuarios. Indique qué iconos integraría en la pantalla principal describiendo la forma del icono y su uso o funcionalidad.

SOLUCIÓN

- Icono de **Inicio**: un icono que represente una casa o hogar. Sirve para regresar a la pantalla principal de la aplicación, mostrando un resumen de la actividad del día.
- Icono de **Actividad Física**: una persona corriendo o unas pesas. Sirve para para acceder a la sección de "**Actividades físicas**", donde se pueden registrar entrenamientos, pasos, calorías quemadas y realizar un seguimiento de rutinas.
- Icono de **Nutrición**: un tenedor y cuchillo o una manzana. Sirve para acceder a la sección de "**Nutrición**", donde se puede registrar la ingesta de alimentos, calorías, y obtener sugerencias de recetas saludables.
- Icono de **Bienestar Emocional**: un corazón o una flor de loto. Acceder a ejercicios de bienestar mental como meditación, respiración, y seguimiento de emociones.
- Icono de **Progreso**: un gráfico de barras o un círculo progresivo. Visualizar el progreso en actividades físicas, nutrición, y bienestar emocional mediante gráficos y estadísticas.
- Icono de **Perfil**: un avatar de usuario o una persona. Acceder al perfil personal para editar información del usuario, ver logros, y ajustar configuraciones.

3.3. Implementación de la interactividad en secuencias seleccionadas

La **interactividad** es un componente esencial en el diseño de productos multimedia, ya que permite a los usuarios participar activamente en la experiencia en lugar de ser meros receptores de información.

La implementación de la interactividad en secuencias seleccionadas se refiere al proceso de integrar elementos interactivos en productos multimedia, como aplicaciones, sitios web o videojuegos, para enriquecer la experiencia del usuario. Para lograr una implementación efectiva se deberá tener en cuenta lo siguiente:

1. **Identificación de secuencias clave:** es importante seleccionar cuidado-samente las secuencias dentro del contenido donde la interactividad tendrá el mayor impacto.
2. **Tipos de elementos interactivos:** determinar qué tipos de interactividad son más adecuados para cada secuencia. Ejemplos incluyen cuestiona-rios, simulaciones o juegos.
3. **Ubicación y diseño de elementos:** planificar dónde se colocarán los elementos interactivos en la interfaz. Esto implica considerar aspectos como:

   - **Accesibilidad:** los elementos interactivos deben ser fáciles de en-contrar y usar.
   - **Fluidez:** la transición entre el contenido estático y los elementos interactivos debe ser suave.
   - **Visibilidad:** utilizar colores, formas y animaciones para resaltar los elementos interactivos.

4. **Pruebas y evaluación:** antes de lanzar el producto, realizar pruebas de usabilidad para evaluar la efectividad de los elementos interactivos.

 Ejemplo

En una aplicación de aprendizaje de idiomas, se selecciona la siguiente secuencia "Intro-ducción a nuevo vocabulario", para lo que se eligen los siguientes elementos interactivos:

- **Ejercicio de "arrastrar y soltar":** los usuarios arrastran palabras a sus correspondien-tes imágenes. Esto promueve el reconocimiento visual y la asociación: integrado en la lección, justo después de presentar el nuevo vocabulario.
- **Cuestionario:** después de la lección, un cuestionario corto con retroalimentación in-mediata para evaluar el aprendizaje. Colocado al final de la secuencia de la lección, permitiendo a los usuarios evaluar su comprensión antes de avanzar.

 **Actividades**

3. ¿Cuáles cree que podrían ser las secuencias clave en una página web de comercio electrónico dedicado a deportes?

3.4. Funcionalidad parcial

La **funcionalidad total** de un producto multimedia es el conjunto de características y capacidades que permiten que el sistema opere de manera efectiva y cumpla con sus objetivos generales.

Esta sin duda es vital, sin embargo, también se debe tener en cuenta la funcionalidad de cada una de las pantallas o secciones que componen el producto, lo que se conoce como **funcionalidad parcial,** ya que cada una de estas pantallas o secciones debe contribuir de manera efectiva a la experiencia global del usuario. Las razones por las cuales la funcionalidad parcial es importante son:

- Cada pantalla o sección debe ofrecer una experiencia cohesiva y satisfactoria. Si una parte de la interfaz presenta problemas funcionales, puede afectar la percepción general del producto.
- Al considerar la funcionalidad de cada pantalla, se puede optimizar el flujo de trabajo del usuario. Cada interacción debe llevar al usuario de manera lógica y fluida a través de las diferentes secciones del producto, minimizando el tiempo de aprendizaje.
- Al dividir el desarrollo en funcionalidades parciales, se facilita la identificación y corrección de errores.
- Al evaluar la funcionalidad de cada pantalla de forma independiente, se pueden realizar ajustes y mejoras basadas en la retroalimentación del usuario.
- Un enfoque en la funcionalidad parcial también facilita la escalabilidad y el mantenimiento del producto. Si se necesita agregar nuevas características o modificar las existentes, se puede hacer de manera aislada sin afectar todo el sistema.

Ejemplo

Producto: Aplicación de aprendizaje de idiomas.

Tendrá las siguientes pantallas diferenciadas:

- **Pantalla de Inicio:** proporciona acceso a las secciones principales (Lecciones, Ejercicios y Progreso).
- **Pantalla de Lecciones:** muestra el contenido de la lección, incluyendo elementos interactivos como ejercicios.
- **Pantalla de Ejercicios:** permite a los usuarios practicar lo aprendido a través de cuestionarios y juegos interactivos.
- **Pantalla de Progreso:** permite visualizar el progreso del usuario a través de gráficos y estadísticas.

4. Montaje de los elementos multimedia en un prototipo:

Un producto multimedia tiene la capacidad de ofrecer experiencias interactivas, pero su efectividad depende en gran medida de la correcta disposición de sus elementos. La integración de textos, imágenes, vídeos y audio no solo debe ser estética, sino también funcional, para guiar al usuario de manera intuitiva a través del contenido. Al prestar atención a la jerarquía visual, la coherencia y la interacción, se puede maximizar el impacto del producto multimedia.

El proceso de montaje de estos elementos es lo que se conoce como **maquetación,** que es el proceso de organizar y presentar los elementos gráficos y textuales en una página o pantalla de manera armoniosa y efectiva. Incluye la disposición de textos, imágenes, gráficos y otros elementos visuales en un diseño para crear una experiencia visual equilibrada.

Al realizar la maquetación, se deben tener en cuenta las siguientes consideraciones:

1. Comprender quién es el **público objetivo** para adaptar el diseño y la disposición de los elementos según sus preferencias y necesidades.

2. Asegurarse de que el diseño sea responsivo, es decir, que tenga **compatibilidad** con diferentes dispositivos y resoluciones de pantalla.
3. Considerar el **objetivo** del contenido y organizar los elementos de manera que sirvan a ese propósito.
4. Mantener un **estilo visual coherente** en toda la maquetación, incluyendo tipografía, colores y estilo de imágenes.
5. Realizar pruebas de **usabilidad** para evaluar la efectividad del diseño y hacer ajustes basados en la retroalimentación del usuario.

4.1. Bocetos de pantallas

Para diseñar un producto multimedia efectivo, es esencial crear bocetos que visualicen cómo se organizarán los elementos en cada pantalla. Normalmente cada pantalla integrará los siguientes elementos:

1. **Título de la web:** deberá ir colocado en la parte superior de la pantalla y para el texto se usará una fuente grande con un color que contraste con el fondo.
2. **Fondo de la web:** se deberá elegir o bien un color sólido o degradado o una imagen que complemente el contenido.
3. **Menús:** puede ser un menú de navegación horizontal o un menú lateral en el caso de los dispositivos móviles. Incluirá diversas secciones que se llamen, por ejemplo, "Inicio", "Sobre nosotros", "Servicios", "Contacto".
4. **Material multimedia:** las imágenes, vídeos o audios deben ajustarse al diseño y se debe considerar incluir botones de reproducción para vídeos y audios.
5. **Texto:** se usarán fuentes legibles y se tendrá en cuenta la jerarquía en el tamaño del texto (títulos grandes, subtítulos medianos, cuerpo pequeño).
6. **Publicidad:** debe estar situada en espacios laterales o *banners* en la parte superior o inferior de la pantalla.

El diseño de estos elementos deberá ser responsivo para asegurar que la experiencia del usuario sea óptima en diversos dispositivos y tamaños de pantalla.

Ejemplo

El **diseño responsivo** es un enfoque de diseño web que busca crear páginas que se adapten de manera óptima a diferentes tamaños de pantalla y dispositivos.

Actividades

4. Usando su *smartphone,* acceda a la página web de comercio electrónico de *Amazon* e indique dónde se sitúa la publicidad.

Por ello, según el tipo de dispositivo en el que se vaya a utilizar, se tendrá en cuenta lo siguiente:

- **Móviles:** priorizar la usabilidad táctil, con botones grandes y un menú que se pliegue.
- **Ordenadores:** aprovechar el espacio adicional para incluir más contenido y menús.
- **Tabletas:** usar un diseño híbrido que aproveche el tamaño de la pantalla sin perder la interactividad.

Pantalla de Inicio

Título de la web

Fondo de la web: color sólido

Menú de Navegación: "Inicio", "Servicios", "Sobre Nosotros", "Contacto".

Material Multimedia: un vídeo de bienvenida o presentación en el centro de la pantalla. Espacio para una imagen destacada a un lado.

Texto: breve introducción debajo del vídeo, explicando el propósito del sitio.

Publicidad: *banner* en la parte inferior con promociones o anuncios relevantes.

Pantalla de Servicios

Título de la web: mantener la misma ubicación

Fondo de la web: igual

Menú de Navegación: igual que en la pantalla de inicio.

Material Multimedia: imágenes representativas de cada servicio en cuadrículas. Breves descripciones debajo de cada imagen.

Texto: títulos claros para cada servicio, usando un tamaño mayor que el texto descriptivo.

Publicidad: espacio lateral para anuncios relacionados con servicios.

Pantalla de Sobre Nosotros

Título de la web: igual

Fondo de la web: igual

Menú de Navegación: igual que en las pantallas anteriores.

Material Multimedia: galería de imágenes del equipo o de la empresa. Posibilidad de incluir un vídeo corto sobre la historia de la empresa.

Texto: descripción sobre los objetivos y valores de la empresa.

Publicidad: *banner* en la parte inferior, que no interfiera con la lectura.

Pantalla de Contacto

Título de la web: igual

Fondo de la web: igual

Menú de Navegación: igual que en la pantalla de inicio.

Material Multimedia: mapa interactivo con la ubicación de la empresa. Formulario de contacto sencillo.

Texto: instrucciones claras sobre cómo contactar y horarios de atención.

Publicidad: espacio en la parte lateral para anuncios de interés.

Boceto para la disposición de los elementos en las diferentes pantallas

Aplicación práctica

Para la realización del boceto de la página web de la aplicación de salud y bienestar debe crear un esquema de cada una de las pantallas. En esta actividad, indique las partes que incluiría en la Pantalla de Inicio. Tome como referencia lo estudiado en este epígrafe.

SOLUCIÓN

■ Título de la web: centrado en la parte superior con la fuente Roboto en 32 px y el texto en negro.
■ Fondo de la web: color de fondo gris para que destaque el texto.
■ Menús: menú de navegación horizontal debajo del título. Las secciones del menú incluirán "Inicio", "Sobre Nosotros", "Tienda" y "Contacto".
■ Material multimedia: imágenes relativas al tema, vídeos sobre rutinas de ejercicios, música relajante de fondo y pódcasts relacionados con el tema.
■ Texto: el texto irá en un tamaño de 16 px y en el mismo tipo de letra que la elegida para el texto. Se usará un interlineado de 1.5.
■ Publicidad: habrá un *banner* en los laterales de la pantalla que no sea invasivo, pero sí interactivo.

En los siguientes epígrafes se verá detenidamente el diseño de todos los elementos que se integrarán en el boceto.

4.2. Textos

Los textos son un componente fundamental en el diseño multimedia, ya que no solo comunican información, sino que también pueden enriquecer la experiencia del usuario al interactuar con otros elementos multimedia como imágenes, vídeos y audio. Algunas reglas clave que deben considerarse al trabajar con textos en un proyecto de diseño gráfico se van a estudiar a continuación.

Tipografía

Las consideraciones son:

- Elegir fuentes adecuadas para el mensaje. Las fuentes *sans-serif* son más legibles en pantalla.
- Mantener un tamaño de fuente adecuado. Generalmente, el tamaño de texto para el cuerpo debe ser de al menos 16 px.
- Usar estilos (negritas, cursivas, etc.) de manera coherente para jerarquizar la información.

Espaciado

Las consideraciones son:

- Utilizar un interlineado de 1.5 a 1.75.
- Mantener márgenes adecuados y usar sangrías para separar párrafos y facilitar la lectura.

Color

Se debe usar una paleta de colores coherente que no distraiga ni dificulte la lectura. Además, el contraste entre el texto y el fondo debe facilitar la lectura.

Jerarquía visual

Las consideraciones son:

- Utilizar diferentes tamaños y estilos para diferenciar títulos, subtítulos y cuerpo de texto.
- Usar listas con viñetas o listas numeradas para destacar información importante.

Alineación

Las consideraciones son:

- Usar alineaciones (izquierda, derecha, centrada) que tengan coherencia según el diseño y el contenido.
- En la mayoría de los casos, es mejor evitar la justificación completa, ya que puede crear espacios irregulares en el texto.

Las fuentes sans-serif

Tipos

Las fuentes sans-serif son aquellas que no tienen remates o adornos (serifas) al final de las letras. Son:

I Helvetica
I Arial
I Roboto
I Futura

Ejemplo de texto

Actividades

5. Busque información e indique otras fuentes del grupo sans-serif. ¿Cuál de ellas usaría para redactar un artículo sobre cultura de un periódico online? ¿Por qué?

Además, para maquetar los textos en el prototipo multimedia se deberá tener en cuenta lo siguiente:

- Usar una rejilla o *grid* para guiar la colocación de los elementos, asegurando equilibrio y simetría.

- Incorporar espacios en blanco (o espacio negativo) para evitar la saturación y facilitar la legibilidad.
- Asegurar que la disposición permita un flujo natural de la información, guiando la vista del usuario a través del contenido.

Logo	Menú superior
Menú lateral	Contenido de la página	Publicidad
Pie de página	

Uso de grid para la ordenar la disposición de elementos de una página web

 ## Aplicación práctica

Para su aplicación sobre salud y bienestar piense el texto de introducción que incluiría en la pantalla de Inicio e indique qué características elegiría en cuanto a tipografía, color, jerarquía visual y alineación según las consideraciones estudiadas.

SOLUCIÓN

- **Tipografía**: Sans-serif como Roboto u Open Sans, tamaño de fuente mínimo 16 px, negrita para títulos y subtítulos.
- **Espaciado**: interlineado de 1.5 a 1.75, márgenes adecuados, sangrías para separar párrafos.

Continúa en página siguiente >>

<< Viene de página anterior

▮ **Color:** paleta de colores suaves (verde y azul), texto en gris oscuro o blanco, alto contraste para facilitar la lectura.

▮ **Jerarquía visual:** diferenciación clara entre títulos, subtítulos y cuerpo de texto con tamaños de fuente y estilos (negrita).

▮ **Alineación:** alineación izquierda para los párrafos, títulos centrados o alineados a la izquierda, evitando la justificación completa.

4.3. Imágenes

Las imágenes son uno de los elementos multimedia más importantes del diseño, ya que además de complementar el contenido, son herramientas clave para la comunicación visual y la interactividad.

A la hora de seleccionar las imágenes se deberán escoger aquellas que cumplan con una serie de especificaciones:

■ **Resolución:** 72 ppp para pantallas y 300 ppp para impresión. Las dimensiones deben ser adecuadas para el propósito del contenido.

■ **Tamaño del archivo:** se debe tener en cuenta que la calidad no afecte al rendimiento de la web, ya que imágenes demasiado pesadas pueden ralentizar la carga de la página.

■ **Color:** RGB (rojo, verde, azul) para pantallas y CMYK (cian, magenta, amarillo, negro) para impresión. Además, los colores deberán tener una profundidad de unos 24 bits.

Por otra parte, los formatos más usados para incorporar las imágenes en la creación de prototipos multimedia son:

■ **JPEG:** para fotografías e imágenes complejas. Tiene una alta compresión, lo que reduce el tamaño del archivo, pero puede perder calidad (compresión con pérdida).

■ **PNG:** para imágenes con transparencia, gráficos y logotipos. Soporta transparencias y compresión sin pérdida.

- **GIF:** imágenes animadas y gráficos simples. Soporta un máximo de 256 colores y permite animaciones.
- **BMP:** formato sin compresión, utilizado en aplicaciones de *Windows.* Posee una gran calidad, por lo que se suele usar para archivos de gran tamaño.
- **TIFF:** imágenes de alta calidad para impresión. Soporta varios canales de color y compresión sin pérdida.
- **SVG:** gráficos vectoriales, ideal para logotipos y gráficos. No pierde calidad al cambio de tamaño y se puede editar con texto.

 Nota

La **compresión sin pérdida** de un archivo es un proceso de reducción de tamaño de un archivo digital en el que no se pierde ninguna información del archivo original. Esto significa que el archivo comprimido puede ser restaurado exactamente a su estado original sin ninguna alteración, una vez descomprimido.

Para el tratamiento de imágenes se pueden usar diversos programas, entre los que destacan *Adobe Photoshop, Adobe Illustrator, GIMP, Canva* o *CorelDraw.*

Tomando como ejemplo *Adobe Photoshop,* el programa más utilizado, uno de los requisitos que se debe tener en cuenta es la resolución de la imagen, para lo que deberemos abrir la imagen y en el menú de **Opciones** acceder a **Imagen → Tamaño de imagen,** y se desplegará el siguiente menú en el que ajustar los ppp deseados:

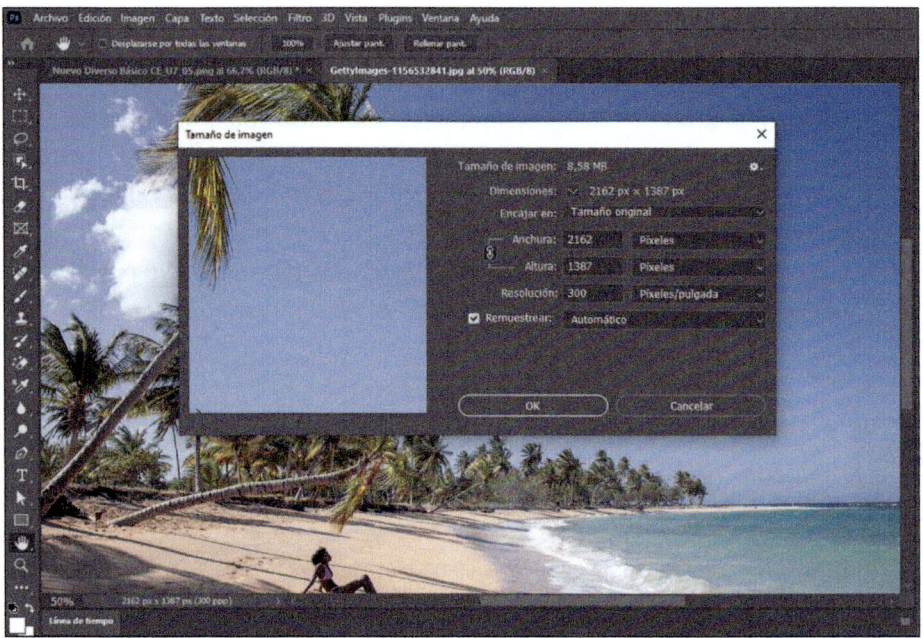

Elección de ppp en Adobe Photoshop

 Actividades

6. Si desea crear una imagen que será un icono de interfaz de usuario en una página web, ¿qué formato usaría?

4.4. Audio

El audio es un componente esencial en el diseño multimedia, ya que complementa y enriquece la experiencia del usuario. Se utiliza en diversas aplicaciones, desde música de fondo en vídeos hasta efectos de sonido y narraciones en presentaciones. Las especificaciones que se deben tener en cuenta son:

- **Frecuencia de muestreo:** es la cantidad de muestras de audio tomadas por segundo. Se mide en Hertz (Hz). 44.1 kHz es estándar para audio de alta calidad.
- **Profundidad de bit:** se refiere a la cantidad de información de cada muestra de audio. 24 bits se suelen usar para web.
- **Canales:** pueden ser:

  - **Mono:** un solo canal de audio, adecuado para aplicaciones simples.
  - **Estéreo:** dos canales de audio, lo que crea un sonido envolvente.
  - *Surround:* múltiples canales para una experiencia inmersiva.

Por otra parte, los audios deberán estar en alguno de los siguientes formatos:

- **MP3:** para música y contenido de audio en general.
- **WAV:** para audio sin comprimir, común en grabaciones profesionales.
- **AAC:** utilizado por plataformas como *YouTube.*
- **OGG:** formato abierto para audio de alta calidad.
- **AIFF:** utilizado comúnmente en el entorno de *Apple.*

 Actividades

7. Aunque 44.1 kHz es un estándar para audio de alta calidad existen otros estándares. Busque información e indique otros de los más usados.

Para la integración de audio hay además que tener en cuenta una serie de consideraciones:

1. Asegurarse de que el audio tenga una calidad adecuada para el propósito. Por ejemplo, un vídeo promocional debe tener una producción de sonido clara.
2. Considerar la duración del audio y realizar ediciones necesarias para que se adapte al contenido multimedia.

3. Elegir el formato correcto según la aplicación. Por ejemplo, usar WAV para producción y MP3 para distribución en línea.
4. Incluir transcripciones o subtítulos cuando sea necesario, para hacer el contenido accesible a personas con discapacidades auditivas.
5. Asegurarse de tener los derechos adecuados para usar música y efectos de sonido, especialmente en contextos comerciales.

4.5. Vídeo

El vídeo es uno de los elementos más atractivos en el diseño multimedia, combinando imagen, sonido y movimiento para crear experiencias inmersivas. Se utiliza en una amplia variedad de aplicaciones, desde entretenimiento y educación hasta *marketing* y comunicación empresarial. Las especificaciones que se deben tener en cuenta son:

- **Resolución:** algunos valores comunes son:

  - **SD** *(Standard Definition):* 480 p (720 x 480 píxeles).
  - **HD** *(High Definition):* 720 p (1.280 x 720 píxeles).
  - **Full HD (FHD):** 1080 p (1920 x 1080 píxeles).
  - **4 K** *(Ultra High Definition):* 2160 p (3.840 x 2160 píxeles).
  - **8 K:** 4320 p (7680 x 4320 píxeles).

- **Frecuencia de cuadros o *Frame rate:*** es el número de cuadros por segundo (fps) que se reproducen: 24 fps (cine), 30 fps (televisión) y 60 fps (vídeo de alta velocidad).
- **Tasa de bits:** es la cantidad de datos procesados en un segundo de vídeo. Se mide en kbps (kilobits por segundo) o Mbps (megabits por segundo).
- **Relación de aspecto:** es la proporción entre el ancho y la altura del vídeo. Valores comunes son:

  - 16:9 (pantalla ancha, estándar para HD y FHD).
  - 1:1 (cuadrado, popular en redes sociales).

 **Nota**

Para su reproducción el vídeo necesitará una serie de códecs. Un códec es un *software* o algoritmo que comprime y descomprime archivos de vídeo. Los más usuales son H.264, H.265 (HEVC), VP9, AV1.

Por otra parte, los vídeos deberán estar en alguno de los siguientes formatos:

- **MP4:** formato utilizado para vídeo en línea. Soporta vídeo y audio, tiene una compresión eficiente y buena calidad.
- **AVI:** formato de vídeo desarrollado por *Microsoft* para archivos grandes. Tiene una alta calidad.
- **MOV:** formato de vídeo desarrollado por *Apple* de alta calidad. Se utiliza tanto en edición como en producción.
- **WMV:** formato de vídeo de *Microsoft,* optimizado para *Windows.* Tiene una alta compresión, pero puede tener menor calidad en comparación con MP4.
- **MKV:** formato contenedor que puede incluir múltiples pistas de vídeo y audio, así como subtítulos. Soporta casi cualquier tipo de códec, por lo que es ideal para almacenamiento y transmisión.
- **WEBM:** formato de vídeo diseñado para la web. Es un formato optimizado para la transmisión y reproducción en navegadores.

Algunas consideraciones que se deben tener en cuenta son:

1. Asegurarse de que el vídeo esté bien iluminado, enfocado y con buen sonido. La producción de calidad afecta la percepción del contenido.
2. Considerar el tamaño del archivo al elegir un formato, especialmente para la distribución en línea.
3. Asegurarse de que el formato de vídeo sea compatible con los dispositivos y plataformas donde se reproducirá. Por ejemplo, dispositivos móviles o navegadores web.

4. Incluir subtítulos o transcripciones para que el contenido sea accesible a personas con discapacidades auditivas.

5. Utilizar formatos y códecs optimizados para *streaming* para asegurar una buena experiencia de usuario en diferentes velocidades de conexión.

 Sabía que...

Actualmente se suelen integrar vídeos en *streaming,* una tecnología que permite la transmisión de contenido de vídeo a través de internet de manera continua y en tiempo real, sin necesidad de descargar el archivo completo antes de poder verlo. Por ello es importante utilizar formatos y códecs que sean óptimos para *streaming* para asegurar una buena experiencia de usuario en diferentes velocidades de conexión.

 Actividades

8. Para su reproducción el vídeo necesitará una serie de códecs. ¿Cuáles son los más usuales? Busque información.

4.6. Animaciones 2D y 3D

Las animaciones son elementos multimedia dinámicos que combinan imágenes, texto y sonido para crear experiencias visuales atractivas. Se utilizan en diversas aplicaciones, desde películas y videojuegos hasta presentaciones educativas y publicidad.

Animación 2D

Se refiere a la creación de imágenes en movimiento en un espacio bidimensional. Las animaciones 2D son generalmente planas, es decir, tienen solo ancho y altura. Ejemplos son dibujos animados, gráficos animados o ilustraciones interactivas.

 Sabía que...

Una técnica de creación de animaciones en 2D es el *Stop Motion,* que utiliza fotografías de objetos físicos en diferentes posiciones.

Animación 3D

Involucra la creación de objetos y entornos en un espacio tridimensional, añadiendo profundidad al movimiento. Esto permite crear modelos que pueden girar y moverse en un entorno 3D. Ejemplos son películas animadas en 3D, videojuegos o visualizaciones arquitectónicas.

Las animaciones 3D ofrecen una experiencia más realista, con objetos que tienen profundidad y pueden ser visualizados desde múltiples ángulos.

Las diferencias entre las animaciones 2D y 3D son básicamente las siguientes:

	Animación 2D	Animación 3D
Dimensiones	Bidimensional (2D)	Tridimensional (3D)
Estilo visual	Más gráfico y estilizado	Más realista y detallado
Técnicas	Dibujo a mano, interpolación, *stop motion*	Modelado, *rigging,* simulación
Complejidad	Generalmente más simple	Más compleja y técnica
Profundidad	Limitada a un plano	Permite exploración de la profundidad
Uso	Gráficos animados, caricaturas	Películas, videojuegos, visualización

A la izquierda, imagen en 2D. A la derecha, imagen en 3D. Se observan claramente las diferencias.

? Sabía que...

La realidad virtual (RV) es una tecnología que permite a los usuarios sumergirse en entornos 3D generados por ordenador, donde pueden interactuar de manera realista y experimentar situaciones que no serían posibles en el mundo físico a través de dispositivos como cascos o gafas de realidad virtual.

Actividades

9. En la tabla se menciona la técnica de *rigging.* ¿Sabe lo que es? Busque información y defínala.

4.7. Interacciones y elementos interactivos

La **interactividad** es un componente fundamental en el diseño de experiencias multimedia, ya que permite al usuario participar activamente en el contenido. Esta fomenta un aprendizaje más efectivo y una mayor retención de la información.

La incorporación de elementos interactivos como botones, menús desplegables, gráficos animados y enlaces no solo hace que el contenido sea más atractivo, sino que también permite personalizar la experiencia del usuario, ya que al interactuar con estos elementos, los usuarios pueden explorar el contenido a su propio ritmo y profundizar en áreas de interés particular.

Además, la interactividad puede facilitar la recopilación de datos sobre las preferencias y comportamientos del usuario, lo que permite a los creadores de contenido ajustar y optimizar las experiencias en función de las necesidades del público.

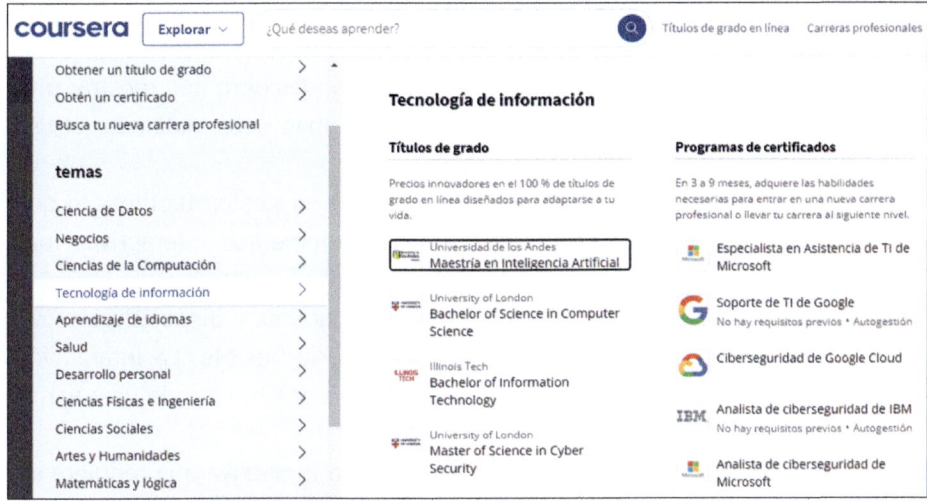

Ejemplo de menú desplegable en <https://www.coursera.org/>

 **Actividades**

10. ¿Qué elementos interactivos se puede encontrar al usar la red social de *Facebook?*

4.8. Funcionalidad

La **funcionalidad** de un producto multimedia está estrechamente relacionada con el soporte en el que se va a utilizar. Cada plataforma, ya sea un ordenador, un dispositivo móvil, una tableta o un sistema de realidad virtual, tiene características y limitaciones específicas que impactan en cómo se debe diseñar y desarrollar el contenido multimedia.

A continuación, se analizan algunos aspectos clave a considerar según el soporte:

- **Ordenador:** generalmente tienen más recursos de *hardware*, lo que permite el uso de gráficos de alta calidad, animaciones complejas y efectos de sonido envolventes. Las pantallas más grandes permiten mostrar más información y ofrecer experiencias visuales más ricas. Además, el uso del ratón permite mucha interacción.
- **Dispositivos móviles:** la interacción se basa en gestos táctiles, lo que requiere un diseño de interfaz intuitivo y elementos interactivos más grandes y accesibles.
- **Tabletas:** combinan características de ordenadores y dispositivos móviles, lo que permite una experiencia de usuario flexible. La interacción también se realiza a través de gestos, pero la posibilidad de usar varios dedos aumenta la interacción.
- **Realidad Virtual (RV):** ofrece una experiencia inmersiva que requiere un diseño específico, donde los elementos multimedia deben ser tridimensionales y permitir la interacción en un entorno virtual. Aquí, la funcionalidad depende de dispositivos adicionales.
- **Sistemas de proyección y pantallas grandes:** deben considerar la visibilidad desde diferentes ángulos y distancias y que la calidad visual debe ser impactante. Sin embargo, la interactividad no es tan directa, lo que requerirá de elementos complementarios.

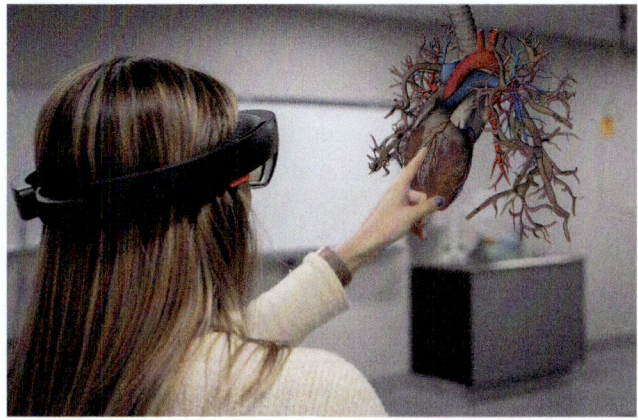

Ejemplo de entorno con realidad virtual para una aplicación en la que aprender Anatomía

 Actividades

11. Para obtener una alta funcionalidad se aplicará un diseño responsivo, ¿recuerda qué significa esto?

5. Modificaciones en los prototipos

Un **prototipo** es una representación preliminar de un producto que permite a los diseñadores, desarrolladores y partes interesadas visualizar y evaluar conceptos antes de su lanzamiento al mercado. Desde su elaboración inicial, un prototipo está destinado a sufrir modificaciones basadas en pruebas, retroalimentación de usuarios y cambios en los requisitos del proyecto.

No obstante, una vez que el producto se lanza al mercado, las modificaciones no cesan. A través de actualizaciones periódicas, se pueden implementar mejoras que respondan a las necesidades y preferencias del usuario, así como a la evolución de la tecnología y del entorno competitivo.

5.1. Evaluación del cliente

El **testado,** o prueba de usuario, es un proceso fundamental en el desarrollo de productos multimedia que se centra en la evaluación de un producto por parte de los usuarios finales. Esta evaluación permite obtener información valiosa sobre cómo los usuarios interactúan con el producto y qué tan bien satisface sus necesidades y expectativas. Los objetivos principales de esta evaluación son:

Detectar fallos de usabilidad que puedan experimentar los usuarios al interactuar con el producto.

Confirmar si el diseño y las funcionalidades del producto cumplen con las necesidades y preferencias del usuario.

Obtener comentarios directos de los usuarios sobre sus experiencias, lo que permite realizar ajustes y mejoras.

Para llevar a cabo esta evaluación se podrán usar diferentes métodos, entre los que destacan los que se describen a continuación.

Pruebas de usabilidad

Se observan las interacciones de los usuarios con el producto mientras realizan tareas específicas, identificando áreas problemáticas y oportunidades de mejora.

Test A/B

Se comparan dos versiones del producto (A y B) para evaluar cuál tiene un mejor rendimiento en términos de interacción y satisfacción del usuario.

 Ejemplo

Una empresa de *streaming* de vídeo lanza una nueva función para su reproductor, pero no está segura de cuál diseño optimizará la experiencia del usuario. Deciden realizar un Test A/B:

1. **Versión A (Control):** la versión original del reproductor de vídeo tiene los controles de reproducción estándar en la parte inferior de la pantalla.
2. **Versión B (Variante):** la versión alternativa del reproductor tiene los controles de reproducción flotantes que aparecen cuando el usuario toca la pantalla y desaparecen después de unos segundos de inactividad.

Proceso:

▪ Se divide a los usuarios en dos grupos aleatorios. Un grupo ve la Versión A y el otro ve la Versión B.
▪ Se miden métricas como el tiempo promedio de visualización, la frecuencia de pausas y reanudaciones, y la satisfacción general mediante encuestas tras su uso.

Resultados esperados: si la Versión B muestra un aumento en la satisfacción del usuario y en la cantidad de tiempo que los usuarios pasan viendo el contenido, entonces podría considerarse que la versión flotante de los controles es más efectiva.

Pruebas de prototipo

Se utilizan versiones iniciales del producto para evaluar conceptos y características antes de que se desarrolle la versión final.

Encuestas y cuestionarios

Se recogen opiniones de los usuarios a través de formularios estructurados que permiten evaluar la satisfacción general y la funcionalidad.

Actividades

12. Un beneficio del testado es la mejora de la usabilidad, ¿qué otros beneficios cree que tiene?

Aplicación práctica

Su empresa ha creado una aplicación móvil para el aprendizaje de idiomas y necesita crear un cuestionario para obtener la retroalimentación del cliente sobre el mismo para identificar áreas de mejora y comprender mejor las necesidades y expectativas del usuario. La hoja con preguntas estará dividida en las siguientes partes:

I Información general
I Usabilidad
I Funcionalidad
I Diseño visual
I Satisfacción general

Indique en qué parte incluiría las siguientes preguntas: *¿Las funciones principales de la aplicación (por ejemplo, registro de actividades, visualización de estadísticas) funcionaron correctamente? / ¿Qué aspectos de la aplicación te gustaría mejorar o cambiar? / ¿El uso de imágenes y otros elementos visuales fue apropiado para la función de la aplicación? / ¿Cuál es tu nivel de familiaridad con este tipo de aplicaciones? / ¿Qué aspectos de la aplicación te gustaron más? / ¿El diseño de la interfaz es claro y comprensible? / ¿Encontraste alguna dificultad para localizar las principales funciones de la aplicación (por ejemplo, menús, botones, opciones)? / ¿La aplicación respondió de manera rápida y sin errores durante el uso? / ¿Cuáles son tus expectativas al utilizar esta aplicación? / ¿El tamaño y el estilo de la tipografía fueron adecuados para su lectura?*

Continúa en página siguiente >>

<< Viene de página anterior

SOLUCIÓN

Información general

▪ *¿Cuál es tu nivel de familiaridad con este tipo de aplicaciones?*
▪ *¿Cuáles son tus expectativas al utilizar esta aplicación?*

Usabilidad

▪ *¿Encontraste alguna dificultad para localizar las principales funciones de la aplicación (por ejemplo, menús, botones, opciones)?*
▪ *¿El diseño de la interfaz es claro y comprensible?*

Funcionalidad

▪ *¿Las funciones principales de la aplicación (por ejemplo, registro de actividades, visualización de estadísticas) funcionaron correctamente?*
▪ *¿La aplicación respondió de manera rápida y sin errores durante el uso?*

Diseño visual

▪ *¿El tamaño y el estilo de la tipografía fueron adecuados para su lectura?*
▪ *¿El uso de imágenes y otros elementos visuales fue apropiado para la función de la aplicación?*

Satisfacción general

▪ *¿Qué aspectos de la aplicación te gustaron más?*
▪ *¿Qué aspectos de la aplicación te gustaría mejorar o cambiar?*

5.2. Nuevas exigencias de comportamiento

En un entorno en constante evolución, es esencial que las empresas y desarrolladores de productos multimedia presten atención a las necesidades cambiantes de los clientes. La capacidad de adaptarse a estas necesidades es vital para mantener la relevancia y competitividad en el mercado.

A medida que la tecnología avanza y las tendencias del mercado evolucionan, los usuarios desarrollan nuevas expectativas sobre la funcionalidad, la usabilidad y la experiencia del producto. Por lo tanto, las empresas que integran esta perspectiva en su proceso de desarrollo tienen más probabilidades de crear soluciones efectivas y atractivas que no solo resuelvan problemas inmediatos, sino que también se alineen con las expectativas emergentes.

Es probable que haya diferencias significativas entre el prototipo inicial y el prototipo final. El prototipo inicial, a menudo diseñado para explorar ideas y conceptos, puede no reflejar completamente las funcionalidades y características que los usuarios consideran esenciales. A través de la evaluación continua y la retroalimentación del cliente, el prototipo final se ajusta y refina, incorporando las modificaciones necesarias para satisfacer las necesidades identificadas durante el proceso de testado y validación.

5.3. Refinamiento de los requisitos

Después del proceso de testado, es fundamental llevar a cabo un **refinamiento** de los requisitos del prototipo. Esta etapa implica realizar ajustes significativos basados en la retroalimentación recibida de los usuarios.

El refinamiento puede incluir modificaciones en la interfaz de usuario, optimización de la usabilidad y mejoras en el diseño visual. Estos cambios aseguran que el prototipo final no solo cumpla con las expectativas funcionales, sino que también ofrezca una experiencia coherente. Al enfocarse en estos aspectos, se maximiza la satisfacción del usuario y se potencia el éxito del producto en el mercado.

 **Actividades**

13. ¿Cómo cree que se puede recibir la retroalimentación del usuario?

5.4. Nuevas especificaciones

La última comprobación de los soportes es una fase crítica en el desarrollo de un producto multimedia, donde se revisan y validan todas las especificaciones técnicas y funcionales antes del lanzamiento. Este proceso consiste en asegurar que el producto se integre adecuadamente en los diferentes dispositivos y plataformas para los cuales ha sido diseñado, garantizando que todas las características y funcionalidades operen de manera óptima.

Durante esta etapa, se evalúan aspectos como la compatibilidad del *software* con diversos sistemas operativos, la adaptabilidad del diseño responsivo en diferentes tamaños de pantalla y la fluidez de la interacción del usuario en todos los entornos. También se revisan elementos como el rendimiento, la velocidad de carga y la calidad del contenido multimedia.

 Nota

La **compatibilidad del *software* con diversos sistemas operativos** se refiere a la capacidad de un *software* de funcionar correctamente en diferentes entornos de sistema operativo, como *Windows, MacOS, Linux, Android* e *iOS,* entre otros. Garantizar esta compatibilidad es esencial para que los usuarios puedan utilizar el *software* sin problemas independientemente de la plataforma que elijan. Se deberán realizar pruebas exhaustivas en diferentes sistemas operativos para asegurarse de que el *software* funcione correctamente en cada uno. Esto implica probar la interfaz de usuario, el rendimiento, y la funcionalidad en cada plataforma.

Realizar esta comprobación final es fundamental para identificar y corregir cualquier posible inconveniente que podría afectar la experiencia del usuario.

6. Resumen

La creación de prototipos editoriales multimedia es fundamental para cualquier proyecto digital, ya que permite identificar y corregir problemas antes de su producción final. Este proceso proporciona una representación preliminar del producto que sirve para realizar pruebas y ajustes, asegurando que las decisiones de diseño y funcionalidad estén alineadas con los objetivos establecidos. Evaluar la complejidad del contenido y utilizar herramientas adecuadas es uno de los mayores desafíos, considerando aspectos como el volumen de datos, el nivel de interactividad y la personalización.

Es importante seleccionar herramientas que ofrezcan flexibilidad, escalabilidad y facilidad de uso, permitiendo integrar contenido multimedia, como imágenes, vídeos y audios, sin comprometer el rendimiento o la experiencia del usuario. Los prototipos deben diseñarse de manera que no solo sean funcionales, sino también atractivos, manteniendo un equilibrio entre simplicidad y profundidad en los elementos interactivos para retener al usuario final.

Otro aspecto importante es la frecuencia de mantenimiento del producto, que asegura su correcto funcionamiento a largo plazo. Las actualizaciones planificadas basadas en el *feedback* y el uso real permiten mejorar continuamente el producto. Además, adaptarse a las necesidades del usuario final y del entorno en el que se implementará el prototipo garantiza que el resultado sea intuitivo, accesible y relevante.

Ejercicios de repaso y autoevaluación

1. Defina qué es un prototipo en el contexto del desarrollo de productos multimedia.

_____

_____

2. Complete las siguientes oraciones:

▌ El _____ es el proceso de organizar los elementos gráficos y textuales en una página de manera armoniosa y efectiva.

▌ Las _____ _____ _____ son herramientas de *software* que permiten crear contenido interactivo sin necesidad de programación avanzada.

3. Indique si las siguientes oraciones son verdaderas o falsas.

a. El diseño previo de un prototipo debe incluir solo el contenido visual sin considerar la funcionalidad interactiva.

☐ Verdadero
☐ Falso

b. La funcionalidad parcial se refiere a la efectividad de cada una de las pantallas en el prototipo, mientras que la funcionalidad total abarca la funcionalidad general del producto.

☐ Verdadero
☐ Falso

4. Relacione las siguientes plataformas con su uso adecuado:

a. Ordenadores
b. Móviles
c. Realidad Virtual

__ Entornos inmersivos y tridimensionales.
__ Mayor capacidad gráfica y visualización de más información.
__ Interacción táctil y diseño responsivo.

5. Enumere tres elementos que deben considerarse al integrar imágenes en un prototipo multimedia.

   _____

   _____

6. Indique qué tipo de formato son los siguientes tipos de archivo de audio.

   ▌ MP3: _____

   ▌ WAV: _____

   ▌ OGG: _____

7. ¿A qué hace referencia la interactividad en productos multimedia?

   _____

   _____

   _____

   _____

8. Explique qué se entiende por funcionalidad parcial en el desarrollo de un prototipo.

   _____

   _____

   _____

   _____

9. ¿Cuál es el objetivo principal del test A/B?

   a. Mejorar el contenido visual.
   b. Comparar dos versiones de un producto para ver cuál tiene mejor rendimiento.
   c. Evaluar el rendimiento de los vídeos.
   d. Crear un diseño de interfaz.

10. Mencione dos tipos de interactividad que se pueden implementar en un prototipo multimedia.

_____

_____

11. Indique si las siguientes características pertenecen a la animación 2D o 3D.

    a. Permite la exploración de la profundidad y visualización desde diferentes ángulos.

    _____

    b. Se utiliza para crear modelos que se mueven en un espacio tridimensional.

    _____

    c. Generalmente es más gráfica y estilizada, con un estilo visual plano.

    _____

    d. Tiene limitaciones en cuanto a la profundidad, solo presenta objetos en un plano.

    _____

12. Describa las principales consideraciones al integrar iconos y menús en un prototipo multimedia.

_____

_____

_____

_____

13. ¿Qué beneficios tiene la implementación de la interactividad en un prototipo multimedia y cómo puede mejorar la experiencia del usuario?

_____

_____

_____

_____

14. ¿Por qué es importante seleccionar las herramientas de autor adecuadas para la creación de prototipos multimedia?

_____

_____

_____

_____

15. Describa cómo la evaluación continua y las modificaciones en los prototipos contribuyen al éxito del producto final.

_____

_____

_____

_____

Capítulo 5
Uso/manejo de herramientas informáticas de recursos de diseño interactivo

Contenido

1. Introducción

El diseño y desarrollo de prototipos de productos editoriales multimedia ha evolucionado significativamente en los últimos años, impulsado por el avance de las herramientas informáticas y de diseño interactivo. La creación de prototipos permite visualizar, probar y ajustar el diseño antes de la producción final, asegurando que el producto cumpla con las expectativas de los usuarios y las especificaciones técnicas.

El uso y manejo de herramientas informáticas de recursos de diseño interactivo desempeña un importante papel en la creación de estos prototipos, ya que facilita la integración de elementos gráficos, animaciones, interacciones, sonidos, vídeos y bases de datos, componentes esenciales en los productos editoriales multimedia.

En este contexto, este capítulo explora las principales herramientas utilizadas en el desarrollo de prototipos interactivos para productos editoriales multimedia, destacando su aplicación en áreas clave como la animación web, la creación de botones interactivos, la integración de efectos visuales y sonoros, y el manejo de bases de datos dinámicas para sitios web interactivos.

2. Herramientas de animación web

La **animación web** se refiere al uso de movimientos, transiciones y efectos visuales dentro de una página web para hacer el contenido más interactivo y atractivo. Estas animaciones se aplican a diferentes elementos de una página web, como imágenes, texto, botones, menús y otros componentes interactivos. Puede crearse a través de:

- **Animaciones en 2D:** son básicamente imágenes vectoriales que se crean en un espacio bidimensional y son las más comunes en los sitios web. Pueden incluir efectos de desplazamiento, transformaciones, etc.
- **Animaciones en 3D:** implican un espacio tridimensional, lo que permite crear efectos más inmersivos y realistas, como rotaciones de objetos o la simulación de profundidad.

- **Transiciones:** son efectos visuales que ocurren cuando el usuario navega entre páginas o secciones de un sitio. Pueden incluir desvanecimientos, desplazamientos, etc.
- **Efectos de *Parallax:*** este efecto crea la ilusión de profundidad al mover diferentes capas de contenido a diferentes velocidades mientras el usuario se desplaza por la página.
- **Animación de carga:** se utilizan para indicar que el contenido de la página está cargando. Ayudan a mantener al usuario comprometido mientras esperan que se cargue el contenido.

 Actividades

1. Busque más información sobre el efecto de *Parallax.* ¿Por qué se llama así? ¿Cómo se usa?

2.1. Manejo de gráficos vectoriales. ilustración vectorial

Los **gráficos vectoriales** son imágenes creadas mediante líneas, formas geométricas y curvas matemáticas, lo que les permite mantener su calidad y resolución sin importar su tamaño. A diferencia de los gráficos rasterizados (como JPG o PNG), que están formados por píxeles, los gráficos vectoriales están definidos por ecuaciones matemáticas. Las imágenes resultantes se encuentran en diferentes formatos, a saber, SVG, AI, EPS, PDF o DXF.

Para ilustrar vectorialmente se utilizan diferentes programas como *Adobe Illustrator, CorelDraw, Inkscape* o *Affinity Designer,* siendo el programa de Adobe el más popular y eficaz y el que se va a utilizar de ejemplo.

Para crear un gráfico vectorial básico con *Adobe Illustrator,* se deberán seguir los siguientes pasos:

1. Crear un documento seleccionando **Archivo → Nuevo**. En el cuadro de diálogo de **Nuevo Documento,** se podrá elegir el tamaño y la orientación. Se aconseja seleccionar una resolución de 72 ppi para web.

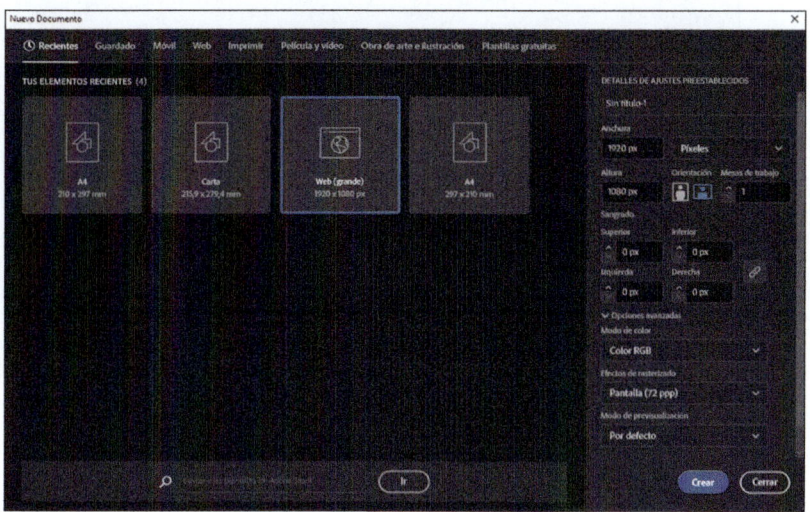

*Cuadro de diálogo de **Nuevo Documento** en Adobe Illustrator*

2. Una vez se abre el panel de creación, se puede usar la herramienta de forma básica (rectángulo, círculo o polígono) o bien se puede usar la herramienta de pluma para dibujar líneas y formas complejas.

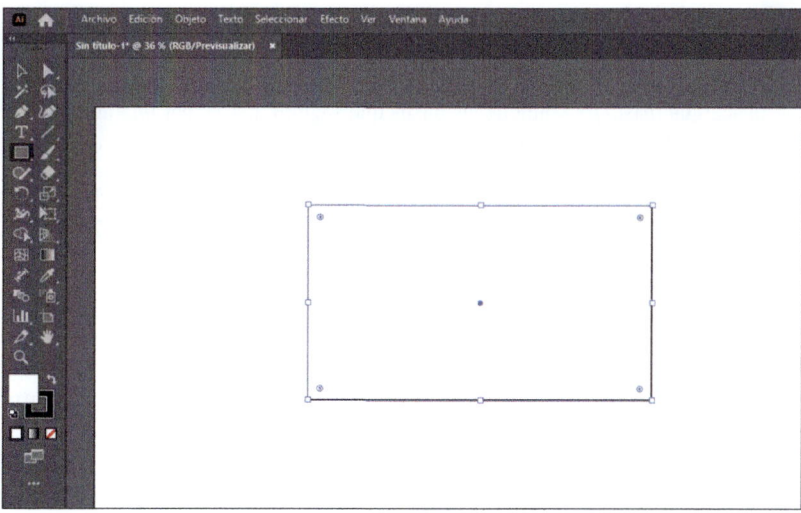

Forma creada con la herramienta de forma (rectángulo) en Adobe Illustrator

3. Para añadir color a la ilustración, en el menú de la derecha se selecciona **Relleno** para el interior y **Trazo** para el borde de la forma.

Añadir color a la imagen vectorial con Adobe Illustrator

4. Una vez creada la imagen se guarda el archivo en formato AI para mantener todos los elementos editables y no perder calidad. Para exportarlo y poder usarlo en la web o para impresión, se usará SVG, PDF o EPS con **Archivo → Exportar**.

 Actividades

2. Descargue *Inkscape* e indique los pasos que seguiría para crear una imagen vectorial (círculo). Puede ayudarse de los diversos tutoriales que se encuentran en la red.

2.2. Creación de botones. estados

En el contexto de la animación web, los **botones** son elementos interactivos que permiten a los usuarios realizar una determinada acción, como hacer clic para navegar a otra página, enviar un formulario o activar una función específica en una aplicación o página web.

Para su creación, lo primero que se debe hacer es crear un botón como imagen vectorial usando *Adobe Illustrator,* siguiendo los pasos antes mencionados. Se creará preferentemente un círculo al que se le añadirá color e incluso texto o iconos. Una vez creado el diseño, se deberá guardar en formato SVG para poder usarlo en otros programas sin perder calidad.

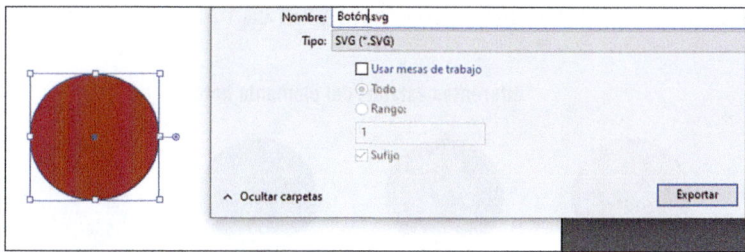

Imagen vectorial de botón con opción de Exportación en SVG en Adobe Illustrator

Una vez creada la imagen vectorial para un botón, el siguiente paso es aplicar interactividad en el mismo. En este sentido, se conocen como **estados** las diferentes condiciones visuales que un elemento, como los botones, puede tener en respuesta a las acciones del usuario, como pasar el cursor sobre el objeto, hacer clic en él o mantenerlo presionado. Los estados más comunes son:

- **Estado normal:** el estado por defecto del elemento cuando no hay interacción.
- **Estado *hover:*** el estado cuando se pasa el cursor sobre el elemento.
- **Estado activo:** el estado cuando se hace clic o se mantiene presionado el elemento.
- **Estado *focus:*** el estado cuando el botón recibe el foco, como cuando el usuario navega con el teclado.

Aunque *Adobe Illustrator* no maneja la interactividad directamente, sí es una buena herramienta para diseñar los diferentes estados visuales, es decir, las diferentes imágenes o formas que tendrá el botón y que luego se implementarán en una página web. Una vez se ha creado la imagen vectorial básica del botón, los estados se aplicarán de la siguiente forma:

- **Estado normal:** es el diseño original del botón.
- **Estado *hover:*** en este caso se debe crear una nueva versión del botón. Para ello, al diseño original se le añadirá algún efecto, como un cambio de color, una sombra, etc.
- **Estado activo:** al igual que en el caso anterior, se volvería a aplicar otro efecto al diseño original.
- **Estado *focus:*** se añadiría otro efecto o un cambio de color más visible.

Diferentes estados del elemento botón

Estado normal   Estado *hover*   Estado activo   Estado *focus*

2.3. *Software* para la creación de botones

Como se ha visto, se puede modificar una imagen vectorial para darle forma con *Adobe Illustrator,* sin embargo, no es posible añadir la interactividad necesaria para el diseño web. Para este cometido, el programa más utilizado es *Adobe XD.*

Para empezar, se puede o bien exportar el archivo creado desde *Adobe Illustrator,* o bien crear una nueva imagen ya en *Adobe XD.* Una vez creado o exportado el botón, lo primero que se debe hacer es convertir la imagen en componente. Para ello se selecciona el elemento, y haciendo clic derecho se selecciona **Crear componente,** lo que hará que se pueda modificar, reutilizar y añadir estados.

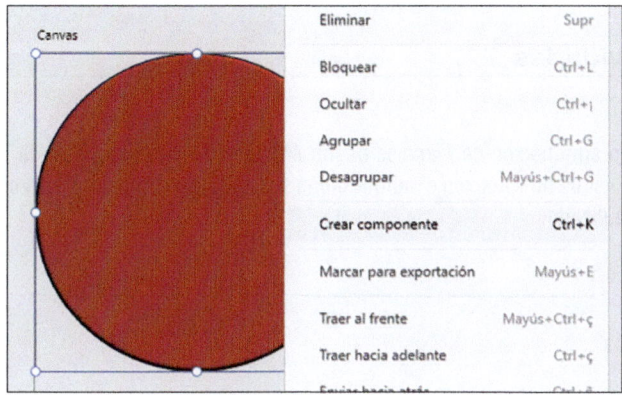

Opción de Crear Componente en Adobe XD

Una vez creado el componente, se pueden agregar diferentes estados, para lo que se accede al **Panel de Componentes → Componentes → Estados del componente,** donde se añadirán los diferentes estados que se quieran y a los que se le puede añadir la textura diferenciadora tal y como se hacía en *Adobe Illustrator.*

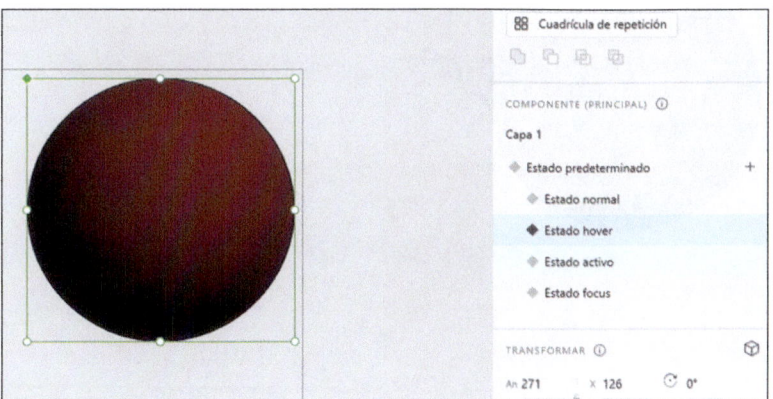

Creación de estados en Adobe XD

Actividades

3. Antes de la eliminación de *Flash* se usaba *Macromedia Fireworks* para la creación de botones. Busque información e indique cómo se usaba y por qué programa o programas se ha actualizado.

2.4. Animación simple accionada desde botones

Con *Adobe XD,* además de realizar el diseño del botón en sus diferentes estados, se podrá agregar interactividad, transiciones y animaciones para ver el prototipo y simular cómo se comportará en una página web. Para ello, se accederá al menú de **Prototipo** y se agregarán las diferentes opciones.

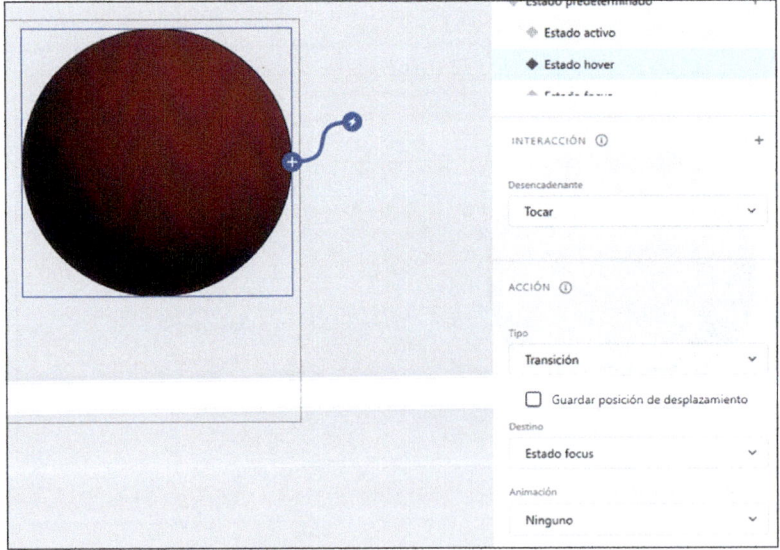

Opciones de creación del prototipo en Adobe XD

Una de las opciones es la creación de **animaciones simples** que son accionadas por botones para mostrar transiciones o efectos visuales cuando el usuario interactúa con el botón. Para ello, a partir de los pasos antes realizados, es

decir, una vez que se tiene del diseño y el componente del botón, se procederá
a agregar animación, para lo que se seguirán los siguientes pasos:

1. Dentro del modo **Prototipo,** se hace clic en el botón, momento en el que
   aparecerá un círculo azul que se debe conectar con el objeto que se
   desea animar.

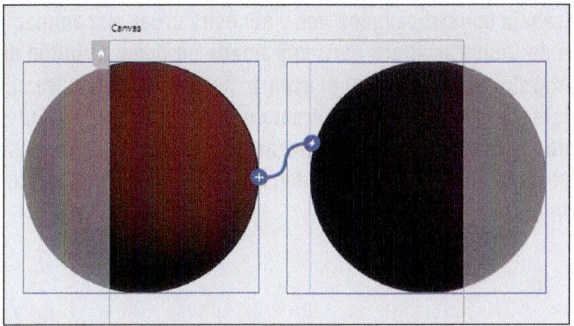

Conexión entre dos elementos que se desean animar

2. Una vez realizada la conexión, se abrirá el panel de **Interacción** a la
   derecha, en el que se debe seleccionar **Acción** y activar los siguientes
   parámetros:

- Tipo: Transición
- Destino: estado al que se quiera transi-
  tar, por ejemplo, Estado activo.
- Animación: Disolver. Suavizado suave.
- Duración: se ajusta la duración de la
  animación, que normalmente es de 0.3
  a 0.5.

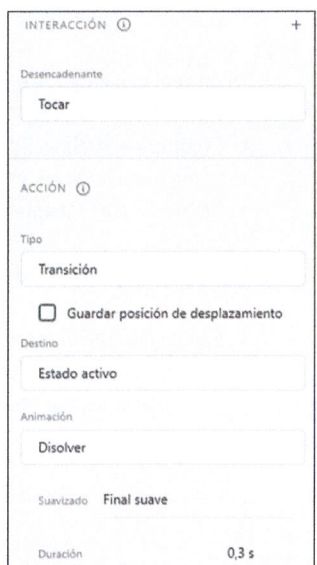

Panel de Interacción

Se podrá incluso comprobar que funciona la interacción a través del menú de **Vista previa.**

 Aplicación práctica

Imagine que trabaja como diseñador web y necesita crear una animación simple en 2D para un botón de Comprar ahora para una tienda en línea. El botón debe cambiar de color y aumentar de tamaño cuando el usuario pase el cursor sobre él, y debe volver a su tamaño original y color cuando el cursor se retire. Utilizando *Adobe Illustrator* para diseñar el botón y *Adobe XD* para la interactividad, describa los pasos que seguiría para crear esta animación. ¿Cómo configuraría los estados del botón y qué tipo de transición aplicaría?

SOLUCIÓN

Para crear esta animación en 2D, seguiría estos pasos:

1. Diseño del botón en *Adobe Illustrator:*

   ı Crearé un nuevo documento en Adobe Illustrator con un tamaño adecuado para un botón. Usaré la herramienta de círculo para crear el botón, y lo rellenaré en color azul claro.
   ı Añadiré texto como "Comprar ahora" en el centro del círculo.
   ı Guardaré el archivo como SVG para mantener la calidad sin perder resolución.

2. Exportar el diseño a *Adobe XD:*

   ı Exportaré el archivo SVG desde *Illustrator* y lo importaré en *Adobe XD.*
   ı Configuración de los estados del botón en Adobe XD:
   ı Crearé un componente del botón (clic derecho **Crear componente**).

3. Añadiré los siguientes estados:

   ı Estado normal: el diseño inicial con el color original.
   ı Estado *hover:* crearé una nueva versión del botón con un aumento de tamaño y cambiaré el color a un tono más oscuro.

Continúa en página siguiente >>

<< Viene de página anterior

4. Agregar animación en *Adobe XD:*

- En el modo **Prototipo**, seleccionaré el botón y crearé una interacción de tipo *Hover* para el estado *hover.*
- Configuraré la animación para que el cambio de color y el tamaño ocurran de forma suave, utilizando la opción **Disolver** como transición, y ajustando la duración a 0,4 s.

2.5. Rellenos, bordes

Dentro del diseño de gráficos vectoriales, una opción para añadir textura a la imagen es el uso de relleno y borde. Los rellenos serían el color o patrón que llena el interior de un objeto vectorial y los bordes definen las líneas de este objeto, acciones que se llevarían a cabo con *Adobe Illustrator.*

Una vez creado el objeto, el relleno se añade seleccionando el objeto. En la barra de herramientas de la izquierda aparecen dos cuadros superpuestos, uno para el relleno y otro para el borde o trazo. Primero se selecciona el cuadro de relleno para abrir el panel de colores, donde se podrá elegir un color sólido, un degradado o un patrón desde el panel de color o degradado. Lo mismo se podrá realizar a través del cuadro de relleno:

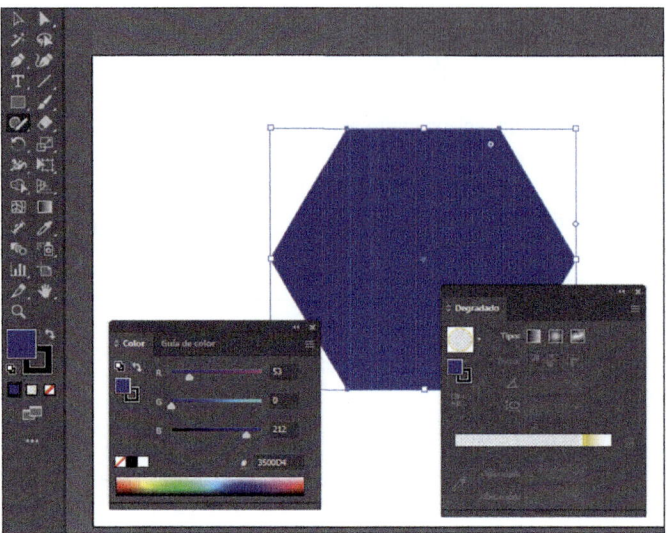

Ajuste de relleno y bordes en Adobe Illustrator

 Actividades

4. Además de usar colores solidos como relleno, también se pueden usar gradientes. ¿Qué son? Abra *Adobe Illustrator* e indique cómo se aplican.

2.6. Aplicación de efectos

En *Adobe Illustrator* se pueden aplicar efectos que transforman a los objetos vectoriales, como sombras, textura y más. Para ello se debe seleccionar el objeto y en la barra de menú superior clicar en **Efecto,** tras lo cual se desplegará el menú con la variedad de efectos que se pueden aplicar.

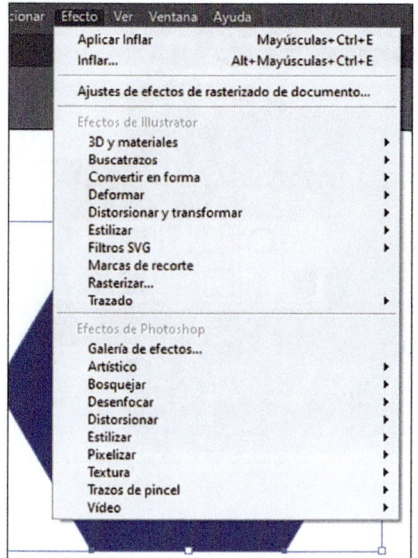
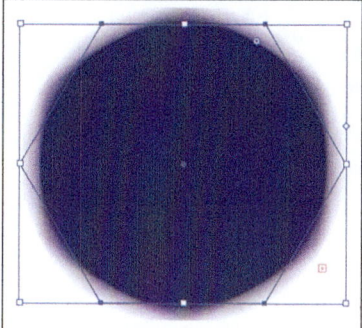

*A la izquierda, el menú de **Efectos**. A la derecha, la imagen con el efecto de **Desenfoque radial** aplicado.*

2.7. Efectos preestablecidos

En los programas de edición, los efectos preestablecidos se encuentran en lo que se denomina biblioteca de efectos o filtros, que es una colección organizada de estilos visuales, efectos y ajustes predefinidos que se pueden aplicar a los elementos de diseño de manera rápida. Estas bibliotecas permiten reutilizar configuraciones de efectos visuales, sombras, transparencias, etc., sin tener que aplicar manualmente los mismos cambios cada vez. Esto ahorra tiempo y asegura la consistencia en el diseño.

Como se ha podido ver en la imagen del epígrafe anterior, *Adobe Illustrator* tiene una variada biblioteca de efectos que integra además algunos filtros o efectos que se pueden usar en *Adobe Photoshop,* ofreciendo una infinidad de opciones de diseño para el gráfico vectorial.

Además, para ver diferentes estilos gráficos clasificados en **Bibliotecas,** podremos acceder a ellos a través de **Ventana → Estilos gráficos,** tras lo que se abrirá un menú con la relación de **Bibliotecas.** Incluso se podrá añadir otra biblioteca personalizada al clicar en **Guardar estilos gráficos.**

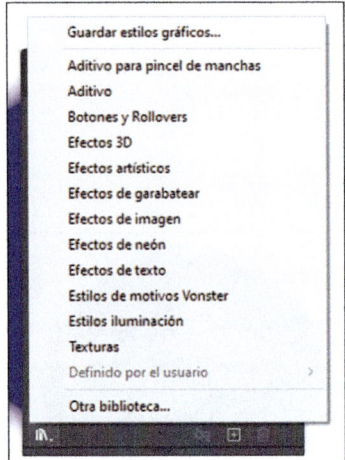

Menú de efectos preestablecidos

2.8. Componentes basados en interacciones, recursión y condicionales

En *Adobe XD,* las **interacciones,** la **recursión** y las **condicionales** se utilizan para crear prototipos interactivos y simular la experiencia del usuario, como si fuera una aplicación o página web real.

Las **interacciones** permiten que los elementos de un diseño respondan a la entrada del usuario, como clics, deslizamientos o desplazamiento del ratón. De la misma forma, tanto las recursiones como las condicionales, que se verán a continuación, se pueden aplicar de la misma forma que cualquier interacción.

La **recursión** en *Adobe XD* no se asemeja a la recursión tradicional en programación, pero se pueden crear interacciones o componentes que simulan un comportamiento recursivo, como un ciclo de pantallas o menús que se repiten o por las que el usuario puede navegar de forma infinita.

 **Nota**

En términos generales, **la recursión** en programación se refiere a un concepto en el que una función se llama a sí misma, ya sea directa o indirectamente, con el objetivo de resolver un problema dividiéndolo en subproblemas más pequeños de la misma naturaleza.

La recursión en diseño web se puede lograr mediante acciones como la creación de componentes anidados (componentes dentro de otros componentes) que se repiten, como un menú desplegable que se abre y cierra. También se pueden diseñar flujos cíclicos, como una galería de imágenes donde el usuario puede navegar de forma continua, simulando una recursión visual. Además, los componentes en *Adobe XD* pueden tener múltiples estados (por ejemplo, un botón en estado normal, al hacer clic, o desactivado), y estos estados se pueden activar y desactivar recursivamente según la interacción del usuario.

Al igual que ocurre con las recursiones, *Adobe XD* no tiene soporte nativo para las **condicionales** de programación, pero se pueden simular interacciones condicionales utilizando estados de componentes y acciones basadas en la entrada del usuario. Así, por ejemplo:

- Los componentes en *Adobe XD* pueden tener varios estados. Por ejemplo, un botón puede tener un estado normal, un estado al pasar el cursor, y un estado al ser presionado. Como se vio anteriormente, se pueden crear diferentes estados para un objeto y hacer que cambien con las interacciones, lo que simula el comportamiento condicional (si el usuario hace clic en el botón, cambia el color o muestra un mensaje).
- Se puede crear un flujo en el que la acción del usuario en una pantalla determine qué pantalla siguiente se mostrará, o qué elementos interactivos estarán disponibles. Por ejemplo, si el usuario selecciona **Aceptar** en un formulario, puede que se le lleve a una página de confirmación.
- En un prototipo interactivo, se pueden configurar diferentes rutas condicionales basadas en las acciones de los usuarios. Por ejemplo, si un

usuario hace clic en **Iniciar sesión,** se le redirige a una página diferente, creando una lógica de condicionales.

 Actividades

5. Un menú que se cierra y se vuelve a abrir cuando el usuario hace clic en el mismo botón, ¿sería interacción, recursión o condicional?

2.9. Interactividad con sonido y vídeo

A la hora de crear prototipos interactivos, *Adobe XD* permite simular la interactividad con sonido y vídeo en los diseños, lo que es una demostración más completa de cómo se comportará una aplicación o sitio web.

Para integrar un vídeo en el diseño se abrirá el archivo, se cogerá el archivo de vídeo y se soltará directamente en el lienzo en el que se esté trabajando, tras lo que aparecerá como un objeto dentro del diseño que se puede mover, redimensionar y colocar en cualquier lugar de la pantalla.

Para que el vídeo se reproduzca de forma interactiva, se ha de configurar una interacción con algún componente (como un botón). Para ello se debe activar el modo **Prototipo** y conectar el componente (botón) al vídeo. En el panel de **Acción,** se selecciona **Reproducir vídeo** en lugar de **Transición.** Esto hará que cuando el usuario haga clic en el botón, el vídeo se reproduzca.

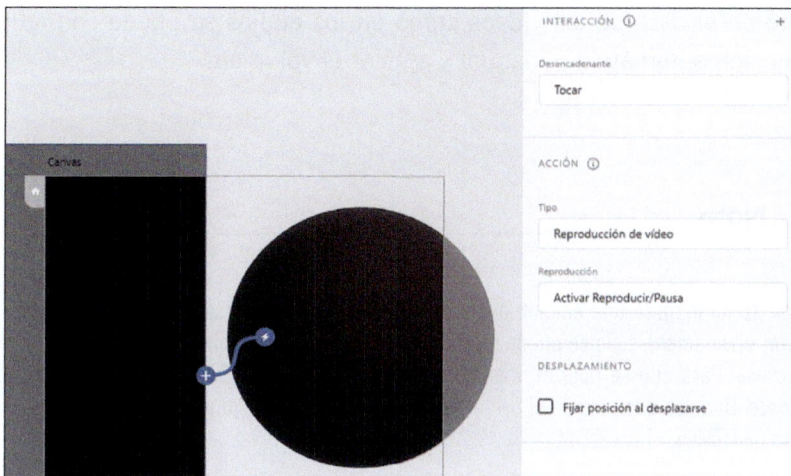

Reproducción de vídeo de forma interactiva

Por su parte, para la integración de audios, se deberán seguir los siguientes pasos:

1. Abrir un archivo y acceder al menú **Archivo → Importar**. Se elije el archivo que se requiera, que una vez seleccionado aparecerá en el panel **Activos** en la categoría **Sonidos**.

2. Para activarlo, se selecciona el componente al que se quiera asociar, en este caso un botón y en el panel de **Acción** se selecciona **Reproducir sonido,** donde se elige el archivo que se ha importado.

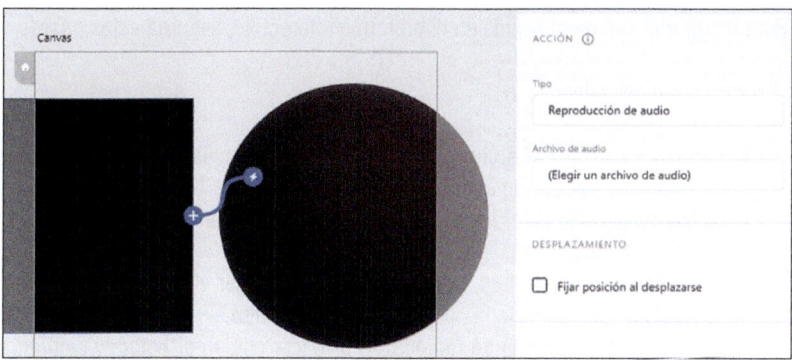

Integración de audio en Adobe XD

Tanto en el caso de los vídeos como en los audios se puede configurar la reproducción automática o manual y ajustar el volumen.

Nota

Adobe XD no permite una edición avanzada de vídeo (como pausar, avanzar, retroceder o ajustar el volumen). Solo se puede reproducir el vídeo en el prototipo, sin interacción más avanzada. Para ello se podrán usar otros programas como *Adobe After Effects* o *Adobe Animate.* Una vez que se cree el prototipo, para aplicar a una página web será necesario el uso de HTML5 o JavaScript.

Aplicación práctica

Está creando un prototipo interactivo para una página de presentación de un producto para la tienda en línea. El diseño incluye un vídeo que debe reproducirse cuando el usuario haga clic en un botón, además de un sonido que se reproduce al pasar el cursor sobre el botón. Explique cómo integraría ambos elementos en Adobe XD y cómo configuraría la interactividad.

SOLUCIÓN

Para integrar el vídeo y el sonido en el prototipo interactivo, seguiría estos pasos:

1. Integración del vídeo:

   ▪ Primero, importaría el archivo de vídeo a *Adobe XD.* Lo haría seleccionando **Archivo → Importar** y eligiendo el archivo de vídeo.
   ▪ Colocaría el vídeo en el lienzo y lo redimensionaría para que encaje en el área de diseño correspondiente.
   ▪ Usando el modo **Prototipo,** conectaría el botón de **Ver vídeo** al vídeo, y en el panel de **Acción,** seleccionaría la opción **Reproducir vídeo.**
   ▪ Aseguraría que el vídeo se reproduzca al hacer clic en el botón, y configuraría la reproducción para que sea automática.

Continúa en página siguiente >>

<< Viene de página anterior

2. Integración del sonido:

■ Importaría el archivo de audio siguiendo los mismos pasos que el vídeo.
■ Seleccionaría el botón y, en el panel de **Acción**, elegiría **Reproducir sonido** y seleccionaría el archivo de audio importado.
■ Configuraría el sonido para que se reproduzca cuando el usuario pase el cursor sobre el botón.

---

3. Desarrollo e implementación de sitios dinámicos con bases de datos

Un **sitio dinámico** es un tipo de página web que genera su contenido de manera dinámica en lugar de ser predefinido o estático. En otras palabras, el contenido de un sitio dinámico se crea o modifica en tiempo real, generalmente a través de la interacción del usuario o de otros factores como bases de datos, API o servicios externos.

 Nota

Una **API** (Interfaz de Programación de Aplicaciones) es un intermediario que permite que una aplicación solicite datos o servicios de otra aplicación o sistema, sin necesidad de entender su código interno.

A diferencia de los sitios estáticos, que muestran el mismo contenido a todos los usuarios en todas las sesiones, un sitio dinámico puede mostrar contenido diferente en función de varios factores, como preferencias del usuario, acciones del usuario (clics, desplazamientos, formularios enviados), datos extraídos de bases de datos (productos, artículos, comentarios) o condiciones externas (hora del día, geolocalización).

Algunos tipos de sitios dinámicos son sitios web de gestión de contenido o CMS *(Wordpress),* páginas de comercio electrónico *(Amazon),* redes sociales como *Facebook,* blogs, sitios de noticias y aplicaciones web como *Google Docs.*

 Actividades

6. Algunos sitios dinámicos permiten la actualización de contenido en tiempo real sin que el usuario tenga que recargar la página. ¿Con qué tecnología se logra esto?

3.1. Planificación de la interacción con la base de datos

El desarrollo de sitios dinámicos con bases de datos es fundamental en la creación de aplicaciones web interactivas, como tiendas en línea, redes sociales, blogs, CMS y muchas otras aplicaciones. Los sitios dinámicos dependen de bases de datos para almacenar y recuperar información de manera eficiente, lo que permite que el contenido se actualice en tiempo real en función de las interacciones del usuario. Su desarrollo e implementación se podría dividir en varias etapas:

1. **Planificación del sitio dinámico**
   La planificación es fundamental para organizar cómo funcionará un sitio web que cambia o actualiza su contenido. En esta etapa, se define para qué servirá el sitio, qué información necesitará y cómo los usuarios interactuarán con él. Por ejemplo, en un sitio de compras en línea, se deberá planificar cómo se guardará la información sobre los productos.

2. **Diseño y estructura de la base de datos**
   El diseño de la base de datos es clave para que la información del sitio se pueda guardar, consultar y actualizar de forma rápida y eficiente. Dependiendo de lo que se necesite, se puede elegir entre bases de datos relacionales, más estructuradas (SQL) o bases de datos no relacionales, más flexibles (NoSQL). En este paso, se crea una estructura organizada con tablas para almacenar información de usuarios, productos y pedidos.

3. **Desarrollo del lado del servidor**

   El servidor es el "cerebro" detrás del sitio web. Se encarga de procesar las acciones que los usuarios realizan, como registrarse, hacer un pedido o cambiar información. Para hacer esto, se usan lenguajes de programación como *PHP, Python* o *Node.js,* que ayudan a conectar el sitio web con la base de datos para almacenar o recuperar información cuando sea necesario.

4. **Desarrollo del lado del cliente**

   El lado del cliente se refiere a todo lo que los usuarios ven y con lo que interactúan en el sitio web. Usando lenguajes como HTML, CSS y *JavaScript,* se diseña cómo se verá la página y cómo responderá a las acciones del usuario. La interacción con el servidor se realiza de manera rápida mediante AJAX, lo que permite que los usuarios no tengan que recargar la página constantemente para ver cambios.

5. **Implementación**

   Una vez que el sitio está listo y probado, se sube a un servidor web para que esté disponible en internet. Se selecciona un servidor adecuado (como *Apache* o *Nginx),* se configura la base de datos y se suben todos los archivos necesarios. Además, se configura un nombre de dominio (como www.misitio.com) y se asegura que la conexión sea segura mediante un certificado SSL. Finalmente, es importante vigilar el rendimiento y la seguridad del sitio.

 Actividades

7. El lado del cliente se conoce con el término *Frontend.* Busque información e indique cómo se desarrolla.

3.2. Diseñar la estructura de la base de datos

El diseño de la estructura de una **base de datos** es un proceso fundamental para asegurar que los datos estén organizados de manera eficiente y accesible.

La estructura de la base de datos determina cómo se almacenarán y se relacionarán los datos, y cómo se podrán recuperar, modificar y eliminar de manera eficaz.

Los sitios dinámicos dependen de bases de datos para generar y actualizar contenido en tiempo real, lo que permite mayor flexibilidad e interactividad, por ello es fundamental que posea una base datos bien organizada. En las bases de datos relacionales, las más usadas, los datos se suelen encontrar organizados principalmente a través de tablas. Cada tabla representa una entidad o un conjunto de datos relacionados, como clientes, productos, pedidos, etc. Una tabla está compuesta por filas, que representan un registro, y columnas, que representan los atributos de ese registro.

 **Ejemplo**

Tabla de clientes

ID Cliente	Nombre	Dirección	E-mail
01	Pedro Pérez	Calle cuatro, 5	pedro.perez@email.com
02	Ana Sanz	Avenida Mundo, 6	ana.s@email.com

Por su parte, las bases de datos no relacionales organizan sus datos de diferentes formas: a través de documentos, claves y valores, columnas o grafos.

Definición

Grafo
Forma de organizar datos como una red de puntos conectados entre sí.

Cada punto (llamado nodo) representa una entidad, y cada línea (arista) muestra la relación entre ellas. Las bases de datos de grafos usan esta estructura para guardar información y son muy útiles cuando los datos están muy conectados entre sí, como en redes sociales, recomendaciones o mapas.

3.3. *Mysql*

MySQL es un sistema de gestión de bases de datos relacional (funciona con tablas) que se utiliza para almacenar, gestionar y recuperar información organizada en tablas relacionadas entre sí. *MySQL* usa el lenguaje SQL *(Structured Query Language)* para interactuar con los datos almacenados en las bases de datos. Tiene la ventaja de que es gratuito y de código abierto y es capaz de manejar bases de datos muy grandes. Su interfaz principal funciona a través de comandos y para su uso se deberán seguir los siguientes pasos:

1. Una vez instalado, se accede al mismo abriendo una terminal o línea de comando, en la que se deberá acceder con el usuario *root*: **mysql -u root -p**.
2. Después, habrá que introducir la contraseña del usuario *root,* que se habrá introducido anteriormente en la instalación.
3. Para crear y gestionar una base de datos se podrán realizar multitud de acciones, entre las que destacan las siguientes:

   ■ Crear una base de datos con el comando: **CREATE DATABASE nombre_base_de_datos;**
   ■ Mostrar las bases de datos que existen en el sistema: **SHOW DATABASES;**
   ■ Seleccionar una base de datos para trabajar: **USE nombre_base_de_datos;**
   ■ Eliminar una base datos: **DROP DATABASE nombre_base_de_datos;**

4. Para crear una tabla se hará lo siguiente: si se quiere crear una tabla llamada "clientes" con tres columnas: id, nombre y correo electrónico, se introduce el siguiente comando:

```
CREATE TABLE clientes (
id INT AUTO_INCREMENT PRIMARY KEY,
nombre VARCHAR(100),
correo_electronico VARCHAR(100));
```

5. Para insertar datos en una tabla:

```
INSERT INTO clientes (nombre, correo_electronico)
VALUES ('Juan Pérez', 'juan.perez@example.com');
```

6. También se pueden realizar una serie de consultas avanzadas como:

- Filtrar los resultados: **SELECT * FROM clientes WHERE nombre = 'Juan García';**
- Ordenar los resultados: **SELECT * FROM clientes ORDER BY nombre ASC;**
- Unir varias tablas:

  - SELECT clientes.nombre, pedidos.total
  - FROM clientes
  - JOIN pedidos ON clientes.id = pedidos.cliente_id;

 Nota

Para que funcionen los comandos es imprescindible el uso de ";" al final.

En la imagen se muestra el panel de comandos de MySQL en el que se ha introducido el comando: **CREATE DATABASE nombre_base_de_datos;** y posteriormente se ha pedido que muestre las bases de datos integradas en el sistema con **SHOW DATABASES;** A partir de aquí se podrán realizar todas las acciones necesarias para montar la base de datos.

Nota

Mysql tiene una interfaz diferente llamada *MySQL Workbench* que funciona como una aplicación similar a *Microsoft Excel*.

Aplicación práctica

Diseñe la estructura de una base de datos para un sitio web de comercio electrónico que tendrá secciones para productos, clientes y pedidos. ¿Qué tablas crearía y qué campos incluiría en cada una?

Continúa en página siguiente >>

<< Viene de página anterior

SOLUCIÓN

1. Tabla productos:

- ▪ id_producto (INT, PRIMARY KEY, AUTO_INCREMENT)
- ▪ nombre (VARCHAR(100))
- ▪ descripcion (TEXT)
- ▪ precio (DECIMAL(10, 2))
- ▪ stock (INT)

2. Tabla clientes:

- ▪ id_cliente (INT, PRIMARY KEY, AUTO_INCREMENT)
- ▪ nombre (VARCHAR(100))
- ▪ email (VARCHAR(100), UNIQUE)
- ▪ direccion (TEXT)

3. Tabla pedidos:

- ▪ id_pedido (INT, PRIMARY KEY, AUTO_INCREMENT)
- ▪ id_cliente (INT, FOREIGN KEY)
- ▪ fecha (DATE)
- ▪ total (DECIMAL(10, 2))

3.4. Otras bases de datos

Aunque *MySQL* es una de las bases de datos más populares, existen muchas otras bases de datos que se utilizan para diferentes propósitos y aplicaciones. Estas bases de datos varían en términos de modelo de datos, funcionalidad, y usos específicos. Como ejemplos de bases de datos relacionales similares, también están *PostgreSQL, SQLite* o *Microsoft SQL Server.* Además, como ejemplos de bases de datos no relacionales se suelen usar sobre todo *MongoDB* o *Cassandra.*

No obstante, existen otros tipos de bases de datos, entre las que destacan las que se describen a continuación.

Bases de datos de objetos

Las bases de datos de objetos son un tipo de base de datos que se utilizan para almacenar datos en forma de objetos, que se guardan tal como se definen en un programa. Ejemplos son *ObjectDB* o *db4o*.

 Nota

En programación, un objeto es una entidad que tiene **propiedades** (atributos) y **comportamientos** (métodos o funciones). Es una representación de un concepto o cosa del mundo real dentro del programa.

Bases de datos de grafos

Las bases de datos orientadas a grafos están diseñadas para representar y almacenar redes de relaciones entre datos, lo que las hace ideales para aplicaciones que dependen de relaciones complejas, como redes sociales, recomendaciones y gestión de rutas. Un ejemplo es *Neo4j*.

Bases de datos en la nube

Las bases de datos en la nube proporcionan escala automática, alta disponibilidad y fácil administración. No requieren que el usuario maneje la infraestructura, lo que las hace adecuadas para aplicaciones modernas que requieren rapidez y flexibilidad. Son *Google Cloud Firestone* y *Amazon DynamoDB*.

Bases de datos de tiempo real

Estas bases de datos están optimizadas para aplicaciones que requieren actualización en tiempo real de los datos, como en aplicaciones de mensajería, colaboración, o seguimiento en vivo. Un ejemplo es *Firebase Realtime Database.*

Actividades

8. ¿Qué tipo de base de datos es *Redis?* Busque información y descríbala.

4. Preparación de estructuras para requisitos específicos

Cuando se elige un tipo de base de datos, hay algunos aspectos importantes que deben tenerse en cuenta para asegurarse de que todo funcione bien, que los datos sean seguros y que el sistema pueda manejar un aumento de usuarios o información. A continuación, se muestran algunas de las consideraciones más importantes.

4.1. Normalización

La normalización es un proceso que organiza los datos de manera eficiente, evitando que se repitan innecesariamente. Al hacer esto, se mejora el almacenamiento y la actualización de la información.

La normalización tiene reglas, llamadas "formas normales", que ayudan a organizar las tablas:

1. **Primera Forma Normal (1FN):** se asegura de que no haya datos repetidos en las columnas y que cada columna tenga un solo valor.

2. **Segunda Forma Normal (2FN):** asegura que todas las columnas dependan completamente de la clave principal (un identificador único).

3. **Tercera Forma Normal (3FN):** evita que una columna dependa de otra que no es la clave principal.

4.2. Índices

Los **índices** son estructuras en las bases de datos que ayudan a localizar la información rápidamente. Al crear índices en las columnas más utilizadas en las consultas, las búsquedas y operaciones relacionadas con esos datos se realizan de manera mucho más eficiente. En lugar de buscar a través de toda la base de datos, el índice permite acceder directamente a los registros relevantes, lo que mejora el rendimiento. Hay diferentes tipos de índices:

Índice primario: es el identificador único de cada fila en una columna.

Índice único: asegura que no haya valores duplicados en una columna.

Índices compuestos: es un índice que cubre varias columnas, útil cuando las consultas buscan información de más de una columna.

Índices de texto completo: sirve para hacer búsquedas rápidas en grandes cantidades de texto.

4.3. Escalabilidad

Escalabilidad significa que la base de datos debe poder crecer para manejar más datos y más usuarios. Hay dos formas de hacer esto:

Escalabilidad vertical	Escalabilidad horizontal
Consiste en mejorar el servidor para que pueda manejar más información y usuarios.	Implica la distribución entre varios servidores para que el trabajo se reparta. Este método es muy útil cuando se tienen muchos usuarios.

 Nota

Para bases de datos que contienen grandes volúmenes de datos, dividir los datos en particiones distribuidas puede mejorar el rendimiento y hacer que la base de datos sea más manejable. Esto se conoce con el término *sharding* (particionamiento).

4.4. Seguridad

La **seguridad** es muy importante para proteger los datos personales o sensibles (como información bancaria o médica). Se deben aplicar medidas como la autenticación, la autorización o el cifrado.

- **Autenticación:** asegura que la persona o entidad que intenta acceder a un sistema es quien dice ser.
- **Autorización:** después de autenticar a un usuario, la autorización controla qué acciones o recursos puede acceder.
- **Cifrado:** transforma la información en un formato ilegible para quienes no tienen la clave adecuada para descifrarla.

 Actividades

9. En aplicaciones que manejan datos sensibles, como salud o comercio electrónico, es fundamental implementar cifrado de extremo a extremo. ¿En qué consiste?

4.5. Consistencia de los Datos (ACID)

Las **transacciones** en las bases de datos (acciones que se realizan en los datos, como registrar una compra) deben seguir ciertas reglas llamadas **ACID** para que todo funcione correctamente y sin errores:

ACID	
Atomicidad	**Consistencia**
Asegura que todas las operaciones en una transacción se realicen correctamente o ninguna se realice.	Garantiza que la base de datos pase de un estado válido a otro.
Aislamiento	**Durabilidad**
Las transacciones concurrentes no deben interferir entre sí.	Los cambios realizados en una transacción deben persistir incluso en caso de fallos del sistema.

4.6. Copias de Seguridad

Las **copias de seguridad** (también llamadas *backups)* son esenciales para proteger los datos. Si algo sale mal, como un fallo en el sistema o eliminación accidental, se puede recuperar la información. Estas copias se pueden hacer de diferentes formas:

- **Copia de seguridad completa:** una copia completa de todos los datos en la base de datos.
- **Copia de seguridad incremental:** solo se realiza una copia de seguridad de los datos modificados desde la última copia.
- **Copia de seguridad diferencial:** se realiza una copia de seguridad de los cambios realizados desde la última copia completa.

 Nota

Las copias de seguridad son esenciales porque los datos pueden perderse o corromperse por diversos motivos, como fallos de *hardware,* errores humanos, ataques cibernéticos o desastres naturales.

4.7. Mantenimiento de la base de datos

El **mantenimiento** implica asegurarse de que la base de datos funcione bien en todo momento. Esto incluye verificar regularmente el rendimiento y asegurarse de que no haya problemas. Una herramienta útil para hacer esto es *MySQL Workbench,* que permite gestionar y supervisar las bases de datos.

Las principales tareas de mantenimiento que se deben realizar a través de las herramientas elegidas son:

1. Monitorización del rendimiento, asegurándose de que la base de datos funcione de manera eficiente.
2. Realización de copias de seguridad.
3. Verificación de que los datos sean correctos.
4. Actualización de la base de datos.
5. Mantenimiento eficiente del espacio de almacenamiento.
6. Control de acceso que garantice la seguridad.
7. Generación de informes sobre la eficacia de la base de datos.

 Aplicación práctica

Imagine que está diseñando una base de datos para una tienda online que vende ropa. La base de datos inicial tiene una tabla de productos con la siguiente información repetida: nombre del producto, categoría, precio, nombre del proveedor, dirección del proveedor, etc. Explique cómo normalizaría esta base de datos para evitar la redundancia de datos y mejorar la eficiencia de las consultas.

SOLUCIÓN

Para normalizar la base de datos, aplicaría las formas normales:

1. **Primera Forma Normal (1FN):** eliminaría los grupos repetitivos de datos. Cada columna debe contener solo un valor por fila. Esto significa que no puede haber múltiples proveedores o categorías en una sola fila. En lugar de tener una sola columna para múltiples proveedores, dividiría los datos en una tabla separada para los proveedores.

Continúa en página siguiente >>

<< Viene de página anterior

2. **Segunda Forma Normal (2FN):** aseguraría que todas las columnas dependan completamente de la clave primaria. Si una columna depende solo parcialmente de la clave primaria, la movería a otra tabla. Si la dirección del proveedor depende solo de la clave del proveedor, la movería a una tabla separada llamada proveedores, con id_proveedor como clave primaria.
3. **Tercera Forma Normal (3FN):** eliminaría las dependencias transitivas, es decir, columnas que dependen de otras que no son claves primarias. Si el precio depende del proveedor, crearía una tabla separada de precios, asociada con el producto y el proveedor.

Esto resultaría en varias tablas normalizadas como: productos, proveedores, categorías, precios, evitando la duplicación de información.

5. Resumen

El desarrollo de productos editoriales multimedia, especialmente a través de la creación de prototipos interactivos, es un proceso clave para asegurar que el diseño cumpla con las expectativas de los usuarios y los requisitos técnicos. Herramientas como *Adobe XD y Adobe Illustrator* permiten visualizar y ajustar las interacciones, animaciones y gráficos antes de la producción final, mejorando la experiencia del usuario.

El diseño de bases de datos es igualmente fundamental para los sitios web dinámicos, ya que permite gestionar datos en tiempo real y personalizar el contenido según las interacciones del usuario. Asegurarse de que la base de datos esté bien estructurada, sea escalable y esté protegida mediante medidas de seguridad es esencial para el rendimiento y la protección de la información.

Además, el mantenimiento constante es esencial para garantizar que el producto evolucione según las necesidades del usuario y los avances tecnológicos. Las actualizaciones regulares y el seguimiento del rendimiento aseguran que el sitio web siga funcionando de manera óptima a largo plazo. La combinación de un diseño interactivo eficaz, una base de datos bien gestionada y una atención continua al rendimiento y la seguridad es fundamental para el éxito de cualquier proyecto multimedia.

Ejercicios de repaso y autoevaluación

1. ¿Qué es una animación web?

_____

_____

2. Complete las siguientes oraciones:

    a. En el proceso de diseño web, el _____ ____ _____ es un tipo de
animación que crea la ilusión de profundidad al mover capas de contenido
a diferentes velocidades.

    b. Una base de datos en la que los datos se organizan en tablas es conocida
como base de datos _____.

3. ¿Cuáles son los estados de un botón en interactividad según la función?

_____

_____

4. Clasifique los siguientes tipos de bases de datos según su modelo: *PostgreSQL,
MongoDB, Neo4j, MySQL, Cassandra* y *SQLite*.

    ▪ Relacional: _____

    ▪ No relacional: _____

    ▪ De grafos: _____

5. Enumere las formas normales en la normalización de bases de datos.

_____

_____

_____

_____

6. **Indique si las siguientes frases son verdaderas o falsas.**

   a. Los gráficos vectoriales son independientes del tamaño y se basan en píxeles.

      ☐ Verdadero
      ☐ Falso

   b. El proceso de normalización en bases de datos busca evitar la redundancia y mejorar la eficiencia.

      ☐ Verdadero
      ☐ Falso

7. **Defina gráfico vectorial.**

   _____
   _____

8. **¿Qué se entiende por "estado *hover*" de un botón?**

   _____
   _____

9. **¿Qué tipo de interactividad se puede configurar en Adobe XD?**

   a. Animaciones en 3D
   b. Transiciones de imágenes
   c. Efectos de *Parallax*
   d. Efectos de sonido y vídeo

10. **¿Qué programa es el más apropiado para crear las imágenes que se usarán en prototipos?**

    _____
    _____

11. ¿Qué herramienta usaría para agregar interactividad en un prototipo web?

12. ¿Cómo se normaliza una base de datos?

13. ¿Cuál es la principal ventaja de usar gráficos vectoriales en lugar de gráficos rasterizados?

14. Explique la diferencia entre una base de datos relacional y una base de datos no relacional.

15. Describa cómo funciona el concepto de "recursión" en el diseño web.

Capítulo 6
Prototipos para páginas web y para dispositivos móviles

Contenido

1. Introducción

El proceso de diseño de interfaces de usuario para páginas web y dispositivos móviles involucra diversas etapas que buscan mejorar la experiencia del usuario final. Una de las fases clave en este proceso es la creación de prototipos, que sirven como representaciones visuales de la estructura y funcionalidad de un sitio o aplicación.

Los prototipos permiten explorar y probar la interacción entre los elementos de la interfaz antes de su desarrollo definitivo. Para ello, se utilizan herramientas que van desde las basadas en la web (SaaS) hasta las que requieren instalación local, las cuales ofrecen una amplia gama de recursos como bibliotecas de símbolos GUI, que incluyen botones, menús y otros elementos esenciales.

Además, las técnicas de diseño como la de Arrastrar y soltar facilitan la creación rápida de prototipos, incluso con funciones interactivas. A través de estos prototipos, es posible visualizar y ajustar los aspectos básicos de la navegación y la disposición de los elementos, asegurando una experiencia eficiente para los usuarios. La posibilidad de exportar estos prototipos en distintos formatos también juega un papel importante en la presentación y evaluación del diseño antes de su implementación definitiva.

2. Ensamblado de *widgets* de colecciones y repositorios

El ensamblaje de *widgets* a partir de colecciones y repositorios es una técnica fundamental en el diseño de interfaces de usuario, tanto para páginas web como para dispositivos móviles.

2.1. *Widgets*

Los **widgets** son elementos o componentes interactivos que forman parte de la interfaz de una página web o aplicación móvil. Su principal función es permitir la interacción del usuario con el sistema, facilitando la visualización y la manipulación de datos, así como la ejecución de acciones específicas como hacer clic, desplazarse, escribir y recibir respuestas o actualizaciones inmediatas.

Ejemplo

Un botón puede desencadenar una acción cuando el usuario hace clic sobre él (como enviar un formulario o abrir una nueva ventana), mientras que un campo de texto permite la entrada de datos, que luego se procesan al ser enviados al sistema.

Los tipos de *widgets* más útiles para la creación de prototipos para páginas web y aplicaciones móviles, son:

Widgets para aplicaciones web

- Formularios de entrada como campos de texto, botones de acción o menús.
- *Widgets* de navegación como barras de navegación o enlaces.
- *Widgets* de visualización de contenido como tablas, gráficos, imágenes o cuadros de texto.
- *Widgets* de multimedia como reproductores de audio y vídeo o galerías de imágenes.
- Notificaciones emergentes en forma e ventanas o mensajes.
- *Widgets* de interacción como botones.

Widgets para aplicaciones móviles

- Controles de navegación móvil como menús desplegables o botones de navegación.
- *Widgets* de entrada móvil como campos de texto o botones de acción.
- *Widgets* de notificación móvil como alertas o notificaciones push.
- *Widgets* de interacción móvil: son gestos táctiles como deslizamientos o toques.

Nota

Una **notificación *push*** es un mensaje o alerta que se envía de forma automática desde una aplicación o servicio a un dispositivo incluso cuando el usuario no está utilizando activamente la aplicación. Este tipo de notificación aparece generalmente en la pantalla del dispositivo, ya sea como un *banner,* un *pop-up* o una alerta en la barra de estado.

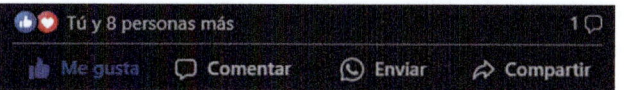

*El botón de **Me gusta** de la red social Facebook sería un widget de interacción.*

 Actividades

1. Existen *widgets* específicos según el tipo de página web o aplicación. Así, ¿qué *widgets* cree que se utilizarían de manera concreta para una página de comercio electrónico?

2.2. Las colecciones o repositorios

Los *widgets* se agrupan en colecciones o repositorios, que son conjuntos organizados de *widgets* previamente diseñados y almacenados para facilitar su uso en diferentes proyectos.

 Definición

Repositorio
Lugar donde se almacenan, organizan y gestionan archivos, datos o componentes para su uso y reutilización. Son esenciales para almacenar y mantener elementos como código fuente, bibliotecas, recursos multimedia, bases de datos, y otros elementos que forman parte de un proyecto.

Los repositorios de *widgets* tienen las siguientes características:

- Generalmente tiene una estructura organizada donde los widgets se agrupan según categorías, como "formulario", "navegación", "contenedor", "interactividad", etc.
- Los *widgets* están diseñados para ser reutilizados en diferentes proyectos, lo que permite ahorrar tiempo, evitando la necesidad de crear cada *widget* desde cero.
- Al utilizar un repositorio de *widgets,* se asegura la consistencia en el diseño, ya que los *widgets* suelen estar diseñados de acuerdo con las pautas de diseño específicas de la aplicación o el sistema.
- Los repositorios de *widgets* permiten adaptar los proyectos más fácilmente, ya que pueden acceder a una amplia gama de componentes listos para usar, que pueden ser personalizados según las necesidades del proyecto.
- Muchos repositorios de *widgets* también permiten la actualización de los componentes, asegurando que todos los usuarios del repositorio tengan acceso a las últimas versiones o mejoras de los *widgets.*

Un repositorio de *widgets* muy útil es **GitHub,** una plataforma con una colección de widgets en forma de iconos SVG que pueden usarse en proyectos web y aplicaciones móviles.

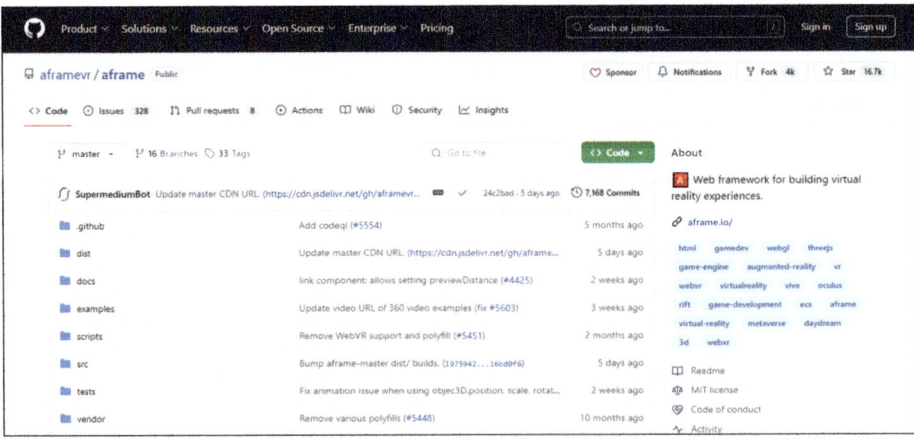

Panel principal de la página de GitHub en el que se muestra uno de los repositorios disponibles.

 **Nota**

SVG es un formato de imagen basado en XML que se utiliza para representar gráficos vectoriales en 2D. A diferencia de imágenes en PNG o JPEG, estos gráficos están formados por líneas, curvas, polígonos y texto en lugar de píxeles, lo que permiten que sean cambiados de tamaño sin perder calidad.

3. *Wireframes*

Los ***wireframes*** son representaciones visuales esquemáticas y estáticas que muestran la estructura básica de una página web o aplicación móvil. Su objetivo es organizar elementos clave como menús, botones, campos de entrada y áreas de contenido, sin incluir detalles gráficos o funciones avanzadas.

Contienen ciertos elementos fundamentales que representan la estructura de la interfaz con funciones específicas dentro del diseño de la página o aplicación. Estos elementos son:

- **Cabecera:** contiene los elementos esenciales de navegación global, como el logotipo, el menú principal, enlaces a secciones importantes como *Inicio, Acerca de* o *Contacto* y posiblemente un buscador.
- **Menú de navegación:** proporciona acceso a las secciones principales del sitio o la aplicación. Puede ser vertical u horizontal y suele estar claramente visible en todas las páginas.
- **Contenido principal:** es el área donde se muestra la información básica que el usuario busca. Esto puede incluir texto, imágenes, formularios, tablas, o cualquier otro tipo de contenido relevante.
- **Pies de página:** generalmente contiene información adicional que no es el foco principal de la página, como términos de servicio, información de contacto, redes sociales y otros enlaces secundarios.
- **Botones de acción:** son elementos esenciales que guían al usuario hacia una acción específica que el sitio o la aplicación desea que realice.

Estos pueden ser botones de **Registrarse, Comprar ahora** o **Descargar,** entre otros.

- **Campos de formulario:** permiten la entrada de datos por parte del usuario, como nombres, correos electrónicos, contraseñas, direcciones, etc.
- **Iconos:** proporcionan representaciones visuales rápidas de funciones, como carritos de compra, usuarios, alertas o configuraciones.
- **Estructura de columnas y cuadrículas *(grids):*** los *wireframes* suelen utilizar una estructura de columnas o cuadrículas para organizar el contenido de manera coherente y alineada.
- **Enlaces y botones:** indican interacciones posibles. Un enlace puede llevar a una nueva página, mientras que un botón ejecuta una acción como enviar un formulario, comprar un producto, etc.
- **Áreas de contenido dinámico:** estos espacios están destinados a mostrar información que puede cambiar con el tiempo o según la interacción del usuario, como los resultados de búsqueda, productos recomendados o noticias.

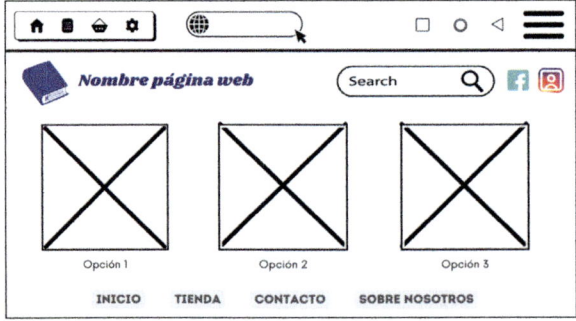

Ejemplo de wireframe de una página web de comercio electrónico

3.1. Herramientas basadas en la web (Saas) o instalables en el local

En el desarrollo de interfaces de usuario y la creación de prototipos, existen diversas herramientas que permiten diseñar *wireframes,* prototipos y otros elementos visuales. Estas herramientas se pueden clasificar en dos grandes grupos según su forma de uso: herramientas basadas en la web (SaaS) y herramientas instalables en local.

Herramientas basadas en la web (SaaS)

SaaS significa *Software as a Service (Software* como Servicio) y es un modelo de distribución de *software* en el que las aplicaciones están alojadas en la nube y se accede a ellas a través de internet, en lugar de ser instaladas localmente en los dispositivos de los usuarios.

Las herramientas basadas en la web son aplicaciones que funcionan a través de un navegador web y no requieren instalación en un dispositivo. Los usuarios pueden acceder a ellas desde cualquier lugar con conexión a internet, por lo que permite actualizaciones automáticas y colaboración en tiempo real.

 Ejemplo

Dropbox es una herramienta SaaS que ofrece un servicio de almacenamiento de archivos en la nube que permite a los usuarios compartir y colaborar en documentos de manera remota.

 Actividades

2. Una de las características del modelo SaaS es lo que se conoce en inglés como *multitenancy*. ¿Qué significa esto?

Herramientas instalables en local

Las herramientas instalables en local son aplicaciones de *software* que se deben descargar e instalar en un dispositivo. A diferencia de las herramientas SaaS, estas aplicaciones no requieren conexión a internet para funcionar una vez instaladas, lo que las hace útiles en entornos sin acceso constante a internet y mayor control sobre los archivos.

Ejemplo

Axure es una herramienta avanzada para la creación de *wireframes* y prototipos. Permite diseñar interfaces interactivas con flujos de usuario complejos y tiene la capacidad de crear prototipos funcionales.

Actividades

3. Busque dos ejemplos más de herramientas SaaS y herramientas instalables en local.

3.2. Bibliotecas de símbolos GUI: botones, barras de desplazamiento, menús y otros objetos

GUI *(Graphical User Interface* o Interfaz gráfica de usuario) es un tipo de interfaz que permite a los usuarios interactuar con las aplicaciones a través de elementos gráficos visuales como botones, iconos, barras de desplazamiento, menús y otros componentes visuales u objetos.

La GUI se construye utilizando *widgets* que permiten a los usuarios realizar tareas de forma visual e interactiva. Los *widgets* tienen diversas aplicaciones dentro de una GUI, y cada tipo de *widget* ofrece funcionalidades específicas:

- **Botones:** permiten ejecutar acciones cuando el usuario hace clic sobre ellos. Por ejemplo, un botón de **Enviar** en un formulario.

- **Barras de desplazamiento:** permiten mover el contenido de una ventana hacia arriba, abajo o lateralmente, para acceder a información que no cabe en el área visible de la interfaz.
- **Menús:** son colecciones de opciones que permiten al usuario elegir acciones como **Archivo, Editar, Ver** y otros.
- **Campos de texto:** permiten la entrada de texto y se utilizan en formularios, búsqueda, o cualquier otra función que requiera la entrada de información por parte del usuario.
- **Casillas de verificación:** se usan cuando se necesitan tomar decisiones múltiples como aceptar condiciones o seleccionar filtros.
- *Sliders* **o deslizadores:** se usan para ajustar configuraciones como el volumen, el brillo u otras opciones donde hay que seleccionar un número dentro de un rango específico.
- **Ventanas emergentes** *(Pop-ups):* son ventanas adicionales que se abren sobre la ventana principal para mostrar mensajes de alerta, opciones adicionales, o confirmaciones.

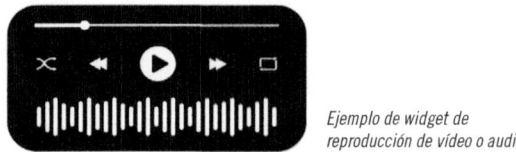

Ejemplo de widget de reproducción de vídeo o audio

Las GUI funcionan a través de lo que se denomina **bucle de eventos.** Este es un proceso que se ejecuta constantemente en segundo plano y espera que el usuario realice alguna acción, como hacer clic en un botón o mover el ratón. Cuando el bucle detecta un evento, lo procesa y ejecuta la acción correspondiente. Un evento se genera siempre que el usuario interactúa con un elemento gráfico. Tras esto, el evento activa una acción en el programa, como abrir un archivo, cambiar un valor o ejecutar un cálculo.

Ejemplo

Al hacer clic en el botón **Aceptar**, el programa podría ejecutar una acción como guardar datos o cerrar la ventana.

Para crear y manejar la GUI, se utilizan las **bibliotecas de símbolos GUI,** que son colecciones de *widgets* que incluyen representaciones gráficas de botones, menús, barras de desplazamiento y otros objetos estándar que facilitan el proceso de diseño, asegurando consistencia en la apariencia y funcionalidad de la interfaz. Por ejemplo, *Google* usa la biblioteca de símbolos GUI, *Material Design,* que proporciona una biblioteca extensa de componentes como botones, barras de navegación, etc.

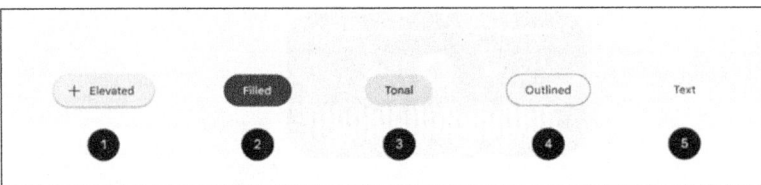

Ejemplo de botones incluidos en Material Design

Actividades

4. Las GUI se comparan directamente con las CLI. ¿Qué son? ¿Qué ventajas tienen las GUI frente a las CLI?

3.3. Creación rápida mediante recursos "arrastrar y soltar"

La función **Arrastrar y soltar** o *Drag and drop* permite tomar un elemento, como un *widget,* de un panel de herramientas o biblioteca y colocarlo directamente en una interfaz de diseño arrastrándolo con el ratón, por lo que es una herramienta de creación fácil y rápida.

Adobe XD permite utilizar esta opción para agregar elementos como botones, menús, imágenes y más. Los pasos que se deben seguir para su aplicación son:

1. Una vez abierto un **Nuevo Documento,** en la barra lateral izquierda, abajo del todo, se deberá acceder al menú de **Recursos** o **Complementos,** que permitirán añadir diferentes elementos.

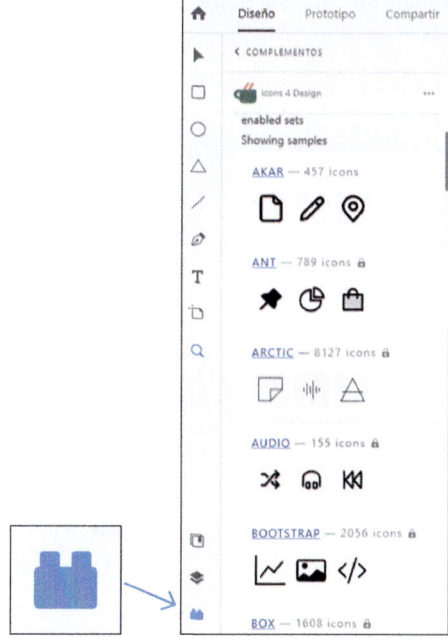

A la izquierda, icono del menú de *Recursos / Complementos.* A la derecha, menú con la Biblioteca de *Recursos / Complementos.*

2. Una vez abierta lo que se conoce como **Biblioteca de Recursos,** se selecciona el componente que se desea agregar y se arrastra hacia el lienzo de trabajo, donde se soltará el elemento en el área elegida.

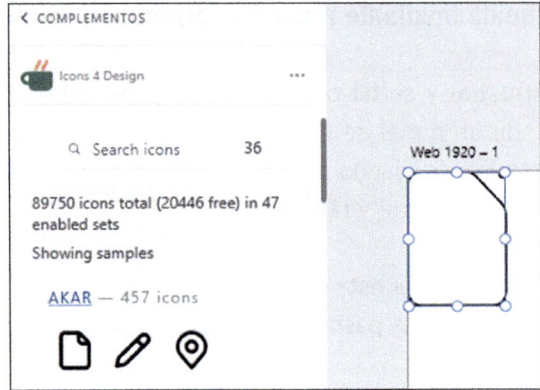

*través de **Arrastrar** y pegar se ha añadido un icono de **Documento**.*

3. Tras añadir el icono se podrá personalizar en el menú de la derecha. Se podrá redimensionar, añadir color, etc.

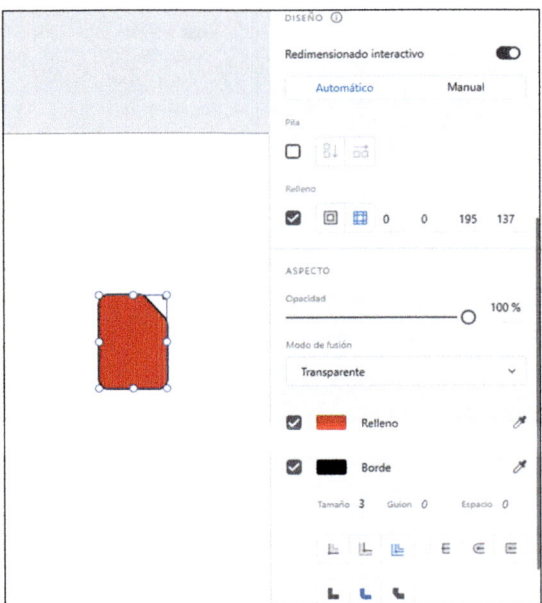

Menú de diseño del elemento

Sabía que...

Se podrán añadir diferentes bibliotecas de recursos a través de *Adobe Creative Cloud*.

Actividades

5. Una opción sería crear un elemento para usarlo como icono. ¿Con qué programa cree que debería hacerlo? Justifique su respuesta.

Aplicación práctica

Su empresa de diseño gráfico necesita crear un *wireframe* para una página web educativa sobre videojuegos (se trabajará con el programa *Unity*). El objetivo es mostrar cómo se estructurará la página principal, asegurándose de incluir los siguientes elementos obligatorios:

1. Un *banner* principal con el nombre de la plataforma y una breve descripción.
2. Tres secciones destacadas debajo del *banner:*

   ı Sección de cursos disponibles con 4 tarjetas de curso (nombre del curso y una breve descripción).
   ı Sección de artículos recientes con 3 títulos de artículos relacionados con videojuegos.
   ı Sección de opiniones de estudiantes con 2 testimonios cortos con nombres ficticios.

3. Pie de página con enlaces a contacto, redes sociales y términos de uso.

Describa cómo sería el *wireframe* de la página principal según los elementos señalados.

Continúa en página siguiente >>

<< Viene de página anterior

SOLUCIÓN

▌ *Banner* principal: texto grande con "Escuela de Videojuegos - Aprende y Crea" y una breve descripción: "Cursos y recursos para todos los niveles."
▌ Sección de cursos disponibles: 4 tarjetas alineadas horizontalmente. Cada tarjeta incluye:

   ▌ Nombre del curso ("Introducción a *Unity*").
   ▌ Descripción breve ("Aprende las bases del diseño en *Unity*").

1. Sección de artículos recientes: una lista vertical de 3 títulos:

   ▌ "Top 10 motores de videojuegos en 2024".
   ▌ "Cómo crear tu primer videojuego 2D".
   ▌ "Tendencias en el diseño de videojuegos".

2. Sección de opiniones de estudiantes: 2 recuadros horizontales. Cada recuadro incluye:

   ▌ Nombre ficticio ("Ana G.").
   ▌ Testimonio breve ("Me encantaron los cursos, muy claros y prácticos.").

3. Pie de página: tres enlaces horizontales: "Contáctanos", "Síguenos en redes sociales", "Términos y condiciones".

3.4. *Wireframes* interactivos

Un **wireframe** **interactivo** es una representación visual de una interfaz de usuario que no solo muestra la disposición básica de los elementos, sino que también permite simular interacciones y flujos de usuario. A diferencia de los *wireframes* estáticos que se estudiaron anteriormente, y que solo presentan la estructura y los elementos visuales sin interacción, los *wireframes* interactivos permiten visualizar cómo los usuarios navegarán y se comportarán dentro de la interfaz al interactuar con los elementos.

Además de los elementos que contienen los *wireframes* estáticos, estos suelen contener los siguientes:

- Elementos de navegación como menús de navegación o botones.
- Campos de entrada como formularios o barras de búsqueda.
- Contenedores de contenido como listados o galerías de imágenes y páginas o pantallas secundarias.
- Interacciones de usuario a través de vinculación entre pantallas o animaciones básicas.
- Indicadores de estado como mensajes de error.
- Ventanas emergentes para mostrar contenido adicional.
- Hipervínculos para navegar a diferentes partes del prototipo.

 Ejemplo

Un *wireframe* interactivo para una página web para una tienda online podría incluir lo siguiente:

- **Página de Inicio:** incluye un *banner* con productos destacados y categorías (ropa, electrónicos, etc.). Los usuarios pueden navegar entre categorías al hacer clic en los enlaces correspondientes.
- **Barra de búsqueda:** ubicada en la parte superior, permite a los usuarios buscar productos introduciendo palabras clave. El prototipo puede mostrar resultados simulados a medida que se escribe.
- **Páginas de productos:** al hacer clic en un producto, los usuarios acceden a detalles adicionales. Los botones de **Añadir al carrito** y las opciones de cantidad permiten simular la compra.
- **Formulario de registro/inicio de sesión:** los usuarios introducen su correo electrónico y contraseña.
- **Carrito de compra interactivo:** permite agregar, eliminar o modificar productos y ver el total actualizado en tiempo real.
- **Proceso de pago:** los usuarios introducen la dirección de envío y los detalles de pago. El prototipo simula la confirmación de la compra al enviar el formulario.
- **Ventanas emergentes:** se muestran para confirmar acciones, como agregar productos al carrito o para confirmar la compra al finalizar.

Aplicación práctica

Para una academia de idiomas, su empresa de diseño presenta un *wireframe* interactivo básico de una página web educativa que contiene los siguientes elementos:

▪ Página de Inicio:

  ▪ Un *banner* con un botón que dice Explorar cursos.
  ▪ Un menú de navegación con las secciones: *Inicio, Cursos, Blog* y *Contacto.*
  ▪ Una sección de destacados que muestra tres tarjetas de cursos, cada una con un botón Ver Detalles.
  ▪ Una barra de búsqueda ubicada en la parte superior, que permite buscar cursos.

▪ Página de cursos: incluye una lista de cursos dividida en categorías como *Básico, Intermedio* y *Avanzado.* Cada curso muestra un título, una breve descripción y un botón Añadir al Plan de estudios.
▪ Página de detalles del curso:

  ▪ Información sobre el curso, como duración, instructor, y contenido.
  ▪ Un botón de Inscribirme ahora.
  ▪ Una sección de valoraciones con estrellas y comentarios.

▪ Interacciones clave:

  ▪ Al hacer clic en Explorar cursos en la página de inicio, se abre la página de cursos.
  ▪ Al hacer clic en Ver Detalles en un curso, se abre la página de Detalles del curso.
  ▪ Si el usuario intenta buscar en la barra de búsqueda sin introducir texto, aparece un mensaje de error: "Por favor, introduzca un término de búsqueda".

A partir de la estructura y elementos mostrados, responda a las preguntas siguientes:

1. ¿Qué secciones ofrece el menú de navegación y cómo ayudan al usuario a moverse entre las pantallas?
2. ¿Qué categorías de cursos están disponibles en la página de Cursos?
3. ¿Qué información importante se presenta en la página de Detalles del curso?
4. ¿Qué sucede si el usuario hace clic en Explorar Cursos desde la página de Inicio?
5. ¿Qué acción genera un mensaje de error en el *wireframe?* ¿Cómo se utiliza el mensaje de error para guiar al usuario?
6. ¿Qué acciones permiten navegar entre pantallas relacionadas?
7. ¿Qué elementos actúan como enlaces entre las diferentes pantallas?

Continúa en página siguiente >>

<< Viene de página anterior

SOLUCIÓN

1. Incluye las opciones *Inicio, Cursos, Blog* y *Contacto.* Ayudan al usuario a acceder rápidamente a las secciones principales del sitio.
2. Los cursos están organizados en categorías: *Básico, Intermedio* y *Avanzado.*
3. Muestra información clave como duración, instructor, contenido, y tiene un botón de **Inscribirme ahora.**
4. El usuario es dirigido a la página de cursos.
5. Si intenta buscar sin escribir texto, aparece el mensaje de error "Por favor, introduzca un término de búsqueda". El mensaje de error guía al usuario para que introduzca un término válido, mejorando la experiencia.
6. Las acciones como **Ver Detalles** o **Explorar Cursos** enlazan diferentes pantallas del *wireframe.*
7. Funcionan como enlaces a las páginas de **Cursos** y **Detalles del curso** respectivamente.

3.5. Formatos para exportación: png, html, flash, .doc, pdf

A la hora de crear prototipos interactivos es esencial poder exportar el proyecto en diferentes formatos según las necesidades de este. A continuación, se explican los formatos más comunes para exportación de archivos.

PNG *(Portable Network Graphics)*

El formato **PNG** es un formato de imagen sin pérdida de calidad. Es ampliamente utilizado para exportar gráficos y elementos visuales debido a su capacidad para manejar transparencias y detalles precisos. Se usa sobre todo para *wireframes* estáticos e imágenes con transparencias.

HTML *(HyperText Markup Language)*

HTML es el estándar para crear páginas web. Al exportar un prototipo o un diseño interactivo en HTML, se puede transformar el diseño en una página web funcional que se puede visualizar directamente en un navegador. Se usa para prototipos interactivos y sitios web estáticos.

Flash (SWF)

Flash fue una tecnología de animación y multimedia usada en la web que hoy en día está en desuso debido a la evolución hacia tecnologías más modernas como HTML5, CSS3 y *JavaScript*. Se usaba sobre todo para generar animaciones y contenido interactivo en sitios web, pero actualmente se prefieren programas como *Adobe Illustrator, Adobe XD* o *Adobe After Effects* combinados con HTML para este fin.

.DOC *(Microsoft Word Document)*

El formato **.DOC** es utilizado por el programa *Microsoft Word* para crear y compartir documentos de texto. Puede incluir texto, imágenes, tablas y otros elementos de diseño. Se utiliza con documentos de texto que incluyen descripciones de diseño o instrucciones y para informes.

PDF *(Portable Document Format)*

PDF es un formato de archivo universalmente utilizado para documentos que necesitan ser compartidos de forma precisa sin perder su formato original. Los archivos PDF pueden incluir texto, imágenes, gráficos y enlaces, y son compatibles con la mayoría de los dispositivos y plataformas. Se utiliza para presentar *wireframes* estáticos o documentos finales como propuestas o guías de diseño.

 Actividades

6. Para exportar un prototipo interactivo creado en *Adobe XD* de modo que se pueda abrir y probar directamente en un navegador, ¿qué formato de exportación utilizaría? Justifique su respuesta.

4. Resumen

La creación de prototipos para páginas web y dispositivos móviles es una etapa esencial en el desarrollo de interfaces de usuario funcionales Para ello resulta relevante conocer los diferentes tipos de prototipos, desde los *wireframes* estáticos hasta los dinámicos, estudiando sus características, herramientas de creación y aplicaciones prácticas.

Los *wireframes* estáticos son ideales para definir la estructura básica y la disposición de los elementos clave en la interfaz, mientras que los *wireframes* dinámicos permiten simular la experiencia del usuario, probando la navegación y las interacciones antes del desarrollo completo. Este enfoque minimiza errores y asegura una alineación entre las necesidades del usuario y los objetivos del proyecto.

El uso de *widgets* y repositorios optimiza la reutilización de componentes y asegura la consistencia visual y funcional, mientras que las herramientas modernas basadas en SaaS o instalables localmente facilitan la creación y personalización rápida de prototipos. Además, la posibilidad de exportar prototipos en diversos formatos amplía las opciones de presentación y prueba.

Ejercicios de repaso y autoevaluación

1. ¿Qué es un *wireframe?*

_____
_____
_____
_____

2. Defina el término *widget.*

_____
_____

3. ¿Qué diferencia a los *wireframes* estáticos de los interactivos?

_____
_____

4. Indique si las siguientes frases son verdaderas o falsas.

   a. SaaS requiere instalación local para su funcionamiento.

      ☐ Verdadero
      ☐ Falso

   b. Los botones son ejemplos de *widgets* en una GUI.

      ☐ Verdadero
      ☐ Falso

5. Complete las siguientes oraciones.

   a. Los repositorios de *widgets* permiten ahorrar _____ en el desarrollo de interfaces.

b. Los deslizadores o _____ se utilizan para ajustar configuraciones como _____ o brillo.

6. Clasifique las herramientas según su tipo: *Figma, Adobe XD, Axure* y *Google Drive.*

   ▎ SaaS: _____

   ▎ Instalables: _____

7. Enumere 4 elementos clave que forman parte de un *wireframe.*

   _____

   _____

   _____

   _____

8. ¿Qué tipo de *wireframe* permite la navegación entre pantallas?

   _____

   _____

9. ¿Cuál es una característica principal de las herramientas SaaS?

   a. Requieren instalación local
   b. Funcionan sin conexión a internet
   c. Permiten colaboración en tiempo real
   d. Solo funcionan en sistemas operativos específicos

10. Justifique el uso de *wireframes* antes de pasar al desarrollo de una interfaz final.

   _____

   _____

   _____

   _____

11. Explique cómo los *widgets* contribuyen a la funcionalidad de una interfaz.

_____
_____
_____
_____

12. Describa las diferencias entre herramientas SaaS y herramientas instalables en local.

_____
_____
_____
_____

13. ¿Por qué es importante exportar prototipos en diferentes formatos, como PDF, HTML o PNG?

_____
_____
_____
_____
_____
_____
_____

14. Explique el rol de los repositorios de *widgets* en el diseño de interfaces.

_____
_____
_____
_____
_____
_____
_____

15. Describa cómo se utiliza la técnica de Arrastrar y soltar en herramientas como *Adobe XD* para acelerar la creación de prototipos.

_____

_____

_____

_____

_____

_____

_____

Bibliografía

Monografías

▌ BLACK, M.: *Diseño de Experiencia de Usuario (UX): Fundamentos, Estrategias y Tendencias para el Futuro Digital.* [s.l.]: Publicado independientemente, 2024.

▌ BROWN, R.: *ADOBE ANIMATE FOR BEGINNERS: A Simple Guide to Efficiently Deploy and Create Animated and interactive Content.* [s.l.]: Publicado independientemente, 2021.

▌ BURROUGH, C.: *Foundations of Digital Art and Design with Adobe Creative Cloud.* New Jersey: New Riders Publishing (Peachpit – Pearson Education), 2019.

▌ COSTELLO, V.: *Multimedia Foundations: Core Concepts for Digital Design.* Massachusetts: Focal Press, 2023.

▌ GÓMEZ Delgado, J.: *Diseño de interfaces para la web actual: De la estructura de la interfaz a la usabilidad.* Madrid: ESIC Editorial, 2024.

▌ PANIAGUA Martín, F.: *Lenguajes de marcas y sistemas de gestión de información* (Informática y Comunicaciones). Madrid: Paraninfo, 2021.

▌ POSTIGO Palacios, A.: *Bases de datos.* Barcelona: Ediciones Paraninfo, 2021.

▌ RUBIALES Gómez, M.: *Curso de desarrollo Web. HTML, CSS y JavaScript.* Edición 2021. Madrid: Anaya Multimedia (Anaya), 2021.

❚ STEANE, J.: *Fundamentos de Diseño interactivo: Principios y procesos que todo dise-ñador debe conocer* (Diseño Gráfico). Barcelona: Promopress, 2016.

❚ VARGAS Bañuelos, A.: *Bases de datos MySQL para Principiantes.* [S.I] Publicado independientemente, 2023.

❚ VEGA Martín, A. L. y VIVES Martín, S.: *Animación de elementos 2D y 3D: Familia Imagen y Sonido.* Barcelona: Editorial Altaria, 2017.

❚ WOOD, D.: *Diseño de interfaces (Bases del diseño de interacción).* Barcelona: Parra-món, 2015.

Textos electrónicos, bases de datos y programas informáticos

❚ *Adobe Illustrator, Adobe Animate* y *Adobe XD*, de:

❚ Agregar estados a componentes, de:
<https://helpx.adobe.com/es/xd/help/create-component-states.html>.

❚ Animación web, de: <https://www.crehana.com/blog/estilo-vida/animacion-web/>.

❚ Bocetos de *wireframes,* de: <https://www.auladiv.com/guia/esquemas.htm>.

❚ Creación de prototipos, de: <https://www.mjvinnovation.com/es/blog/creacion-de-pro-totipos-tipos-y-herramientas-para-probar-ideas-y-productos/>.

❚ Diseño de *wireframes,* de: <https://vawarelabs.com/es/blog/articulo/wireframes-y-mockups-conoce-los-tipos-de-prototipo-221>.

❚ Diseño web, de: <https://blog.hubspot.es/website/diseno-web>.

❚ Diseño de interfaces, de:
<https://www.godaddy.com/resources/latam/diseno/que-es-una-interfaz-web>.

▌ Elementos multimedia, de:
<https://exelearning.net/html_manual/cursomaterialesfp/3_formatoaccesibilidadma-
teriales/12_elementos_multimedia.html#:~:text=Cuando%20nos%20referimos%20
a%20elementos,%2C%20animaciones%2C%20etc%20.)>.

▌ Editores de código: Top 10, de:
<https://clickup.com/es-ES/blog/120178/editores-de-codigo>.

▌ Herramientas de autor: concepto y características, de:
<https://www.xteach.es/herramientas-de-autor-que-son-caracteristicas/>.

▌ Herramientas de autor para crear prototipos, de:
<https://www.arsys.es/blog/herramientras-prototipado-web>

▌ Interfaz gráfica de usuario GUI, de:
<https://i.workana.com/glosario/que-es-la-interfaz-grafica-de-usuario-gui/>.

▌ Integración de elementos multimedia en diseño web, de: <https://ladivinaproporcion.
es/integrando-elementos-multimedia-en-diseno-web-video-audio-y-mas/>.

▌ La ilustración vectorial, de: <https://www.animum3d.com/blog/ilustracion-vectorial/>.

▌ Lenguajes de programación, de:
<https://www.chakray.com/es/lenguajes-programacion-tipos-caracteristicas/>.

▌ Manual de programación de HTML y CSS, de:
<https://ceper.uniandes.edu.co/files/2022/10/MANUAL-HTML-Y-CSS.pdf>.

▌ *MySQL,* de: <https://www.mysql.com/>.

▌ Prototipos multimedia, de:
<https://creativecampus.universidadeuropea.com/blog/que-es-prototipo/>.

▌ Requisitos de *hardware* y *software* para desarrollo web, de: <https://cink.es/blog/
configuracion-y-caracteristicas-de-un-ordenador-para-un-desarrollador-de-software/>.

▌ Saas, de: <https://blog.hubspot.es/service/saas>.